Motorrad
Guide & Roadbook

Die schönsten
Routen in
Baden-Württemberg

Claus-Georg Petri

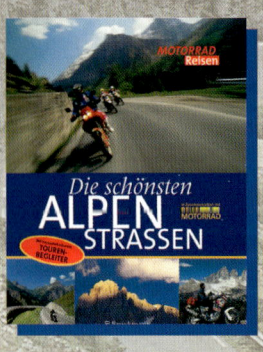
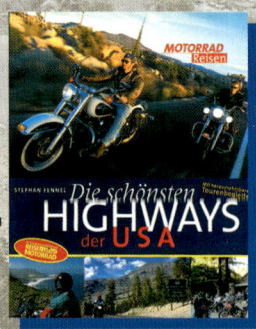

BIKEN IM LÄNDLE

Die Baden-Württemberger bezeichnen ihre Heimat liebevoll als »Ländle«. Doch im Hinblick auf die Fläche und die wirtschaftliche Bedeutung des immerhin drittgrößten deutschen Bundeslandes, mag dieser Kosename wohl als kleine Untertreibung erscheinen. Dieses Understatement ist typisch für die Badener und vor allem die Schwaben. Auf die Frage nämlich, wie es um das Wohlbefinden eines Einheimischen stehe oder ob das Essen im Dorfgasthaus lecker oder die Motorradstrecken in Baden-Württemberg schön seien, folgt die Standardantwort: »Nicht schlecht!«. Auf deutsch übersetzt bedeutet das »Sehr gut, prima, super!«.

In Baden-Württemberg gibt es überdurchschnittlich viele Motorradfahrer und das hat natürlich seinen Grund. Das Angebot an attraktiven Routen und beliebten Treffpunkten inmitten herrlicher Landschaften »ist nicht schlecht«, also super! Autor Claus Georg Petri, Vollblut-Schwabe und leidenschaftlicher Motorradfahrer stellt Ihnen die besten Touren und interessantesten Sehenswürdigkeiten im »Ländle« vor.

Lixi Laufer
(Herausgeberin und Chefredakteurin von REISE MOTORRAD)

Eine Produktion des Bruckmann-Teams, München
Lektorat: Solveig Michelsen
Layout und Satz: Buchflink · Rüdiger Wagner, Nördlingen
Kartografie: Elsner & Schichor, Karlsruhe
Umschlaggestaltung: Studio Schübel, München

Bildnachweis
Umschlagvorderseite: Agentur LOOK, Katrin Kreder
Umschlagrückseite und alle Fotos im Innenteil vom Autor

Alle Angaben dieses Werkes wurden vom Autor sorgfältig recherchiert und auf den aktuellen Stand gebracht sowie vom Verlag auf Stimmigkeit geprüft. Für die Richtigkeit der Angaben kann jedoch keine Haftung übernommen werden. Für Hinweise und Anregungen sind wir jederzeit dankbar. Bitte richten Sie diese an den Bruckmann Verlag, Lektorat, Postfach 80 02 40, 81602 München.

Gedruckt auf chlorfrei gebleichtem Papier

Die Deutsche Bibliothek – CIP Einheitsaufnahme
Ein Titeldatensatz für diese Publikation ist bei
Der Deutschen Bibliothek erhältlich

Gesamtverzeichnis gratis:
Bruckmann Verlag GmbH, 81664 München
Internet: www.bruckmann.de

In Zusammenarbeit mit der Zeitschrift REISE MOTORRAD/ride on!,
die in der Lila Publishing Verlags GmbH, München, erscheint.
E-Mail: redaktion@reisemotorrad.de
Internet: www.reisemotorrad.de

Printed in Italy by Printer Trento S. r. l.
ISBN 3-7654-3625-9

Einführung

Touren

BADEN-WÜRTTEMBERG

BADEN-WÜRTTEMBERG

Fahren mit dem Roadbook

Damit Sie die schönsten Touren ungehindert genießen können, erhalten Sie von uns das Roadbook zum schnellen Überblick zum Mitnehmen.

Mit Hilfe der Wegbeschreibungen und Kurzinfos erfahren Sie kurz und knapp, welche Abzweigungen Sie nehmen müssen und welche Attraktionen Sie am Straßenrand erwarten.

Am Anfang erhalten Sie einen kurzen Überblick über die Region und über den Routenverlauf. Das Roadbook selbst ist in übersichtliche Spalten aufgeteilt mit folgenden Informationen:

Die Kennzeichnungen **Nr./km** zählen die Kreuzungen und deren jeweilige Entfernungen zwischen den einzelnen Roadbook-Positionen auf.

Straße bezeichnet die Strecke mit der offiziellen inländischen Bezeichnung, auf der Sie sich befinden.

Position nennt die Ortschaft oder den Ort, an dem Sie sich gerade befinden.

Die Spalte **Richtung** weist darauf hin, welche Richtung Sie einschlagen müssen, um in einen Ort zu gelangen.

Piktogramme geben Ihnen genaue Anweisungen, welchen Abzweigungen Sie an den Kreuzungen folgen sollten.

Weitere Piktogramme finden Sie in der Spalte **Information**. Hier werden Sie auf besondere Sehenswürdigkeiten oder Übernachtungsmöglichkeiten hingewiesen.

Die Roadbooks finden Sie ab Seite 121.

Die einzelnen Piktogramme:

✳	Sehenswert	🆃	Tankstelle
🄱	Kirche	🅪	Badestrand
🄱	Schloss	🄿	Parkplatz
🏛	Museum	🄲	Campingplatz
❀	Aussicht rundum	🄰	Alternative, Abstecher
❧	Aussicht halb	🚢	Fähre/Schiff
⚠	Achtung	🅸	Info
🏨	Hotel/Übernachtung	🄸	Turm
🜁	Höhle	🆃	Leuchtturm
❌	Bikerfreundliche Gaststätte		

Baden-Württemberg – ein starkes Stück

*Landschaft-
liche Idylle*

Von wegen klein, dieses Land. Von wegen nur schaffe, schaffe, Häusle baue. Von wegen bloß Kehrwoche. Mit solcherlei Vorurteilen hat Baden-Württemberg nur am Rande etwas zu tun – und damit zu kämpfen gleich gar nicht. Es

stimmt, dass seine Bewohner ihr Land liebevoll »Ländle«
nennen. Und sie tun Recht daran, ihrer Heimat einen Kose-
namen zu schenken: Land und Leute haben es verdient.
Baden-Württemberg ist groß. Seltsamerweise stellt sich
manch Unbedarfter unter dem Ländle ein nur kleines Gebiet
im Südwesten der Bundesrepublik vor. Tatsächlich aber ist

das 1952 gegründete Bundesland nach Bayern und Niedersachsen der drittgrößte Flächenstaat in Deutschland und misst 35 752 Quadratkilometer. Was bedeutet diese Zahl? Immerhin soviel, dass Baden-Württemberg im Norden an Rheinland-Pfalz und Hessen und im Osten an Bayern grenzt. Der Süden berührt den Bodensee und die Schweiz, der Westen Frankreich. Eine zentralere Lage im Herzen Europas des 21. Jahrhunderts findet sich kaum.

Den Neckar flankieren in seinem Oberlauf Büsche und Bäume.

Von Baden-Württemberg aus ergießt sich Europas zweitlängster Fluss, die Donau, auf ihrem 2 850 Kilometer langen Weg von Donaueschingen bis ins Schwarze Meer. Vater Rhein, deutschester aller Flüsse, berührt das erste Stück Deutschland in Baden-Württemberg, und der Neckar, 371 Kilometer lange Lebensader, pulsiert zwischen Schwenningen

und Mannheim, ohne das Ländle je zu verlassen, wohl es aber nach Hessen hin zu begrenzen. Einer der größten europäischen Seen, der Bodensee, hat in Deutschland ein großteils baden-württembergisches Ufer: Kein Wunder, dass er auch »Schwäbisches Meer« heißt.

Ein Stückchen Allgäu noch hat Baden-Württemberg abbekommen, Oberschwaben und die Schwäbische Alb: eines der größten zusammenhängenden Karstgebiete der Erde und gleichzeitig Europäische Wasserscheide mit einer Meereshöhe um die 800 Meter. Der Schwarzwald greift in Baden-Württemberg nach dem Himmel, im Land erstrecken sich der Schwäbisch-Fränkische Wald, die Löwensteiner Berge und das Kraichgau.

Baden-Württemberg bietet dem Biker jede Menge Kurven.

Die Gegend ist fruchtbar: Weltberühmt sind die Weine vom Kaiserstuhl oder aus dem Remstal; auch der Spargel aus Bruchsal ist Legende: Schon die alten Römer wussten, dass es gut ist, hier zu leben, die Staufer machten es ihnen nach. Im hohen Mittelalter zwischen 1079 und 1268 beherrschten sie das im heutigen Südwestdeutschland ansässige Herzogtum Schwaben und bestimmten von hier aus die Geschichte des Deutschen Reiches. An sie erinnern noch heute die drei Löwen im Wappen Baden-Württembergs. In der Krone des Großen Landeswappens sind links die silberroten Spitzen des Fränkischen Rechens für das Herzogtum Ostfranken zu sehen. Der Silber und Schwarz geviertelte und seit 1248 belegte Schild für die Hohenzollerischen Lande schließt sich an. Den gesamten goldenen Schild stützen ein Hirsch und ein Greif: Sie stehen für Württemberg und Baden.

Vor dem Stuttgarter Schloss ist der Löwe, das Wappentier, zu sehen.

Auch nach der deutschen Einheit ist Baden-Württemberg das einzige deutsche Bundesland, dessen Bevölkerung an der Wahlurne für eine Neugliederung gestimmt hat: Baden und Württemberg vereint – im Namen des Volkes. Am 25. April 1952 trat mit der ersten provisorischen Regierung aus SPD, DVP (FDP) und BHE das neue Baden-Württemberg ein in die Geschichte der Bundesrepublik Deutschland, an der Spitze der erste Ministerpräsident Reinhold Maier, ein gebürtiger Schorndorfer. Grund zur Freude: Das 50-jährige Bestehen des Bundeslands im Jahr 2002 feiern zwischen Konstanz und Ladenburg, Offenburg und Ulm die 10,5 Millionen Menschen, die hier leben. Dabei dürfte in beiden Landesteilen immer wieder die jeweilige Hymne erklingen:

Einerseits das Badenlied, mit dem Fußballfans gern ihre Gegner im Stadion erschrecken. Dessen erste Strophe lautet: »Das schönste Land in Deutschlands Gau'n, das ist mein Badnerland. / Es ist so herrlich anzuschau'n und ruht in Gottes Hand. / Drum grüß' ich dich, mein Badnerland, du edle Perl' im deutschen Land. / Frisch auf, mein Badnerland.«

Die so genannte Württemberg-Hymne hat Justinus Kerner getextet. Er erzählt darin die bewegte Historie des Landes. Die letzte Strophe heißt: »Und es rief der Herr von Sachsen, der von Bayern, der vom Rhein: ›Graf im Bart. Ihr seid der reichste‹, Euer Land trägt Edelstein.«

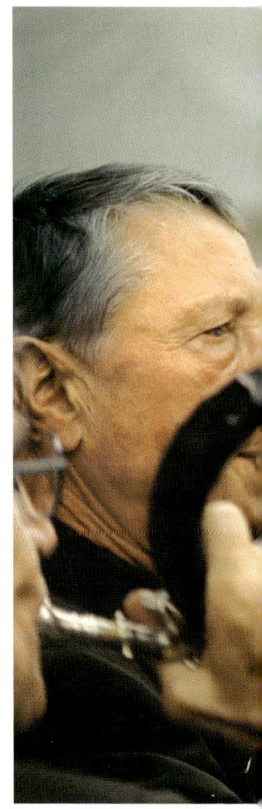

Dass es hier tatsächlich wert sein muss zu leben, beweist allein die Tatsache, dass die Bevölkerungszahl seit der Gründung des Bundeslands um knapp vier Millionen gewachsen ist. Statistisch gesehen leben hier auf einem Quadratkilometer 291 Menschen, 61 mehr als im Bundesgebiet. Aber keine Sorge: Auch in Baden-Württemberg konzentriert sich ein Großteil der Bevölkerung in den Ballungsräumen wie Stuttgart und Freiburg, Karlsruhe und Mannheim; Heidelberg und Ulm. In den ländlichen Gebieten, und das ist der weitaus größere Teil der Fläche, leben die Menschen in properen Dörfern, die sie pflegen, damit es ihnen gut geht.

Bei traditionellen Festen darf die Blaskapelle nicht fehlen.

Im Sommer drückt sich ihre Zufriedenheit in unzähligen Festen aus, die in Baden-Württemberg »Feschtle« oder »Hocketse« heißen. Dann hocken sie zusammen, die Schwaben wie die Badener, bei einem Viertele und Zwiebelkuchen, einer Halben und Schweinehals, saurem Sprudel und Maultaschen. Und freundlich nehmen sie Besucher mit an ihren Tisch. Diese Offenheit herrscht erst recht in den nur hier zu findenden Besenwirtschaften. In diesen Gaststätten im eigenen Wohnzimmer dürfen Bauern und Winzer ihre eigenen Produkte – und nur die – kredenzen. Keine Angst also vor Kontakt: Die Sturheit – den Menschen im Südwesten Deutschlands gerne nachgesagt – findet wohl eher in den Köpfen derer statt, die sich ihnen gegenüber verschließen.

Im Ländle finden sich viele schöne Brunnen.

Was aber bedeutet all dies für den Motorradfahrer, der unterwegs ist in Baden-Württemberg? Er darf gespannt sein auf Überraschungen – auf angenehme. Mal abgesehen von 1 023 Kilometern Bundesautobahn, die ihn vielleicht schnell an sein auserkorenes Ziel tragen, findet er hier weitaus

Interessanteres: 5 000 Kilometer Bundes-, 10 000 Kilometer Landes- und 12 000 Kilometer Kreisstraßen erschließen Südwestdeutschland. Ganz ehrlich: auf weiten Strecken Kurve an Kurve. Obwohl in Baden Württemberg dank der Herren Daimler und Benz die Wiege des Autos steht und obwohl Ferdinand Porsche den Sportwagen schlechthin auf die Straße brachte, bietet sich das Land dem Biker geradezu an. Gewusst wo? Dazu soll dieses Büchlein eine Hilfestellung sein. Die Strecken sind so gewählt, dass sie sich ergänzen. So lassen sich Touren ganz leicht miteinander kombinieren. Eines freilich ist klar: Es gibt mehr zu entdecken als beschrieben, aber dazu hat schließlich jeder seinen eigenen Sattel unterm Hintern. Also, viel Vergnügen beim Gasgeben durch ein starkes Stück Deutschland – durch Baden-Württemberg.

Puppen im Fischerviertel in Ulm.

Gasthäuser putzen gern ihren Namen heraus.

BADEN-WÜRTTEMBERG

BADEN-WÜRTTEMBERG

ALLGEMEIN

Baden-Württemberg ist das drittgrößte deutsche Bundesland. Es grenzt an Rheinland-Pfalz, Hessen und Bayern sowie an den Bodensee, die Schweiz und Frankreich. Großräumig ist es unterteilt in die Regionen Schwarzwald, Neckarland-Schwaben und Bodensee-Oberschwaben. Landeshauptstadt ist Stuttgart, weitere wichtige Städte sind Freiburg, Konstanz, Karlsruhe, Pforzheim, Mannheim, Heidelberg, Tübingen und Ulm.

Die Strohpuppen stehen für eine gute Ernte.

KLIMA UND REISEZEIT

Die Motorradsaison beginnt in Baden-Württemberg mit dem Frühling, also Mitte April bis Anfang Mai. Je nach Höhenlage allerdings kann es dann durchaus noch frisch sein. Warme Unterwäsche und Regenkombis sind in dieser Zeit unter Umständen notwendig. Der Sommer im Südwesten ist eine sichere Bank: Kaum sonst wo in Deutschland gibt es so viele Sonnenstunden. Was nicht heißt, dass es nicht ab und zu doch mal kräftig regnet. Der Herbst erstreckt sich bis Ende Oktober, Mitte November und bietet viele goldene Tage. Ab Dezember bis Ende März ist mit Schnee zu rechnen.

ANREISE

Baden-Württemberg ist am schnellsten über Autobahnen zu erreichen.
Von Rheinland-Pfalz geht es bei Speyer auf der BAB 61 über den Rhein, der hier die Landesgrenze markiert.
Von Hessen aus führen die BAB 67, später BAB 6, und die BAB 5 in südlicher Richtung nach Baden-Württemberg.
Franken ist über die BAB 81 und die BAB 6 mit dem Südwesten verbunden, Bayern über die BAB 8, die München mit Stuttgart und Karlsruhe verbindet.
Aus dem bayerischen Allgäu leitet die BAB 7 nordwärts nach Ulm.

Der Autoreisezug – Anreise ohne Stress
Wer die Anreise auf eigener Achse über die Autobahn scheut, greift auf den Autoreisezug zurück. Die zwei Stationen in Baden-Württemberg befinden sich in Kornwestheim bei Ludwigsburg, nördlich von Stuttgart, und in Lörrach nahe der Schweizer Grenze. Auskunft und Buchung über das Servicetelefon (täglich 8–22 Uhr): 0180/524 12 24, Internet www.autoreisezug.de.

ÖFFNUNGSZEITEN

Die Geschäfte öffnen in der Woche ab 9 oder 10 oft bis 20 Uhr, samstags bis 16 Uhr. Je nach Größe des Ladens und der Stadt, in der er sich befindet, gibt es eine Mittagspause.

BADEN-WÜRTTEMBERG

Restaurants zeigen ihre Öffnungszeiten in Kästen an der Eingangstür. Viele Gaststätten haben montags geschlossen. Auch viele Museen nutzen den Montag als Ruhetag.

ℹ️ ALLGEMEINE INFOS

Fast alle touristisch attraktiven Städte und Gemeinden haben Touristeninformationen. In der Regel öffnen sie täglich. Um sich vorher zu informieren, erweist sich das Internet als überaus nützlich. Hier einige wichtige Adressen für Allgemeines über Baden-Württemberg:

- Info der Landesregierung: www.baden-wuerttemberg.de
- Haus der Geschichte: www.hdgbw.de
- Landesvermessungsamt Baden-Württemberg: www.lv-bw.de
- Regionales Rechenzentrum Südlicher Oberrhein: www.regioinfo.de
- Touristik-Gemeinschaft Schwäbische Alb: www.schwaebischealb.de
- Info- und Prospektservice Schwarzwald: www.schwarzwald-tourist-info.de
- Internationale Bodensee-Tourismus GmbH: www.bodenseeferien.de
- Schlösser und Burgen Baden-Württemberg: www.schloesser-und-burgen.de

Kanus warten im Tal der oberen Donau auf Freizeitsportler.

UNTERKUNFT

In Baden-Württemberg gibt es eine Reihe guter bis sehr guter Campingplätze, die auch motorradfreundlich sind. Eine Liste wäre zu umfangreich, hier sei der Blick in die einschlägigen Campingführer von ADAC, DCC und ECC empfohlen. Auch Pensionen und Hotels sind Bikern gegenüber meist aufgeschlossen. Die touristisch und fahrerisch interessanten Gebiete bieten eine Fülle von Herbergen – auch solcher, die eine Möglichkeit haben, die Maschine in einer Garage abzustellen.

GELD UND WÄHRUNG

Baden-Württemberg gehört wie der Rest der Bundesrepublik Deutschland zu Euroland. Seit dem 1. Januar 2002 ist der Euro Zahlungsmittel in Form von Scheinen und Münzen. Daneben gelten gängige Kreditkarten oder Eurocard.
Die Preise für Logis in Baden-Württemberg differieren je nach Region. So ist – logischerweise – die Übernachtung zum Beispiel im Großraum Stuttgart teurer als etwa in einem kleinen Dorf auf der Schwäbischen Alb.

NOTRUF/PANNENHILFE

110	Notruf
112	Feuerwehr
0180/2 22 22 22 (Festnetz)	ADAC Notruf
22 22 22 (Handy)	ADAC Notruf

KRANKHEIT

Krankenhausnetz und Rettungsdienst erreichen in Baden-Württemberg den üblichen
bundesdeutschen Standard. Das gilt auch für
Arztpraxen und Apotheken, die sich quasi in
jeder kleineren Stadt befinden.

PARKEN

Viele Sehenswürdigkeiten und touristische
Ziele weisen spezielle Motorradparkplätze
aus, größtenteils kostenfrei.

TELEFONIEREN

Wie in ganz Deutschland sind in Baden-Württemberg die Handynetze gängiger Provider
(D1, D2, E-Plus etc.) dicht geknüpft. Wer kein
Handy besitzt, sollte eine Telefonkarte mit
sich führen: Öffentliche Telefone, die mit Münzen funktionieren, werden immer seltener.

Mauern, die bewahren

Zeitreise durch fast 1000 Jahre: Stille zwischen einst heiligen Gemäuern, Show-Chrom auf einem Treffpunkt, museale Zweiräder im Deutschordenhaus. Genau das Richtige für eine sonntägliche Ausfahrt.

Leise tuscheln seine Blätter im Wind. Der Kirschbaum im Kloster Adelberg ist stummer Zeuge. Freilich, so alt wie das 1178 gegründete Kloster ist er nicht. Er war nicht dabei, als Mönche hier nach der Reformation nichts mehr zu sagen hatten und das Kloster von 1565 bis 1629 als evangelische Klosterschule herhielt. Mit Johannes Kepler als Schüler, der später so manches Weltbild ins Wanken brachte.

Heute zählen Biergarten und Pizzeria zu den schönen Dingen der Anlage – vor allem aber die Ruhe innerhalb der 1,1 km langen Mauer. Gern wandeln Biker zu den Galerien

Motorradtreffpunkte sind im Ländle sehr beliebt.

der Künstler, die hier arbeiten. Manch einer geht zur Ulrichs-kapelle, vielleicht um den Hochaltar von 1511 anzusehen. Artig wartet das Motorrad vor dem steinernen Tor.

Jenseits der Stille eröffnet sich eine vielfältige Welt. In Richtung **Rechberghausen** geht es bergab mit Blick über Dörfer, eingebettet in üppiges Frühsommergrün. Starke Kehren lassen Freude aufkommen. Übrigens: Wer Durst hat, sollte noch schnell in die Zachersmühle einkehren. Eine herrliche Kneipe mit Biergarten und Mühlrad. Wer lieber Gas gibt, den tragen Kurven dahin. Erst auf der T-Kreuzung zur B 297 ist Schluss damit: Blinker links und los. In **Wäschenbeuren** steigt die Straße an, so hoch, dass das Auge in die Ferne schweift. Bis sich dunkler Wald auftut, wie um Mensch und Maschine zu verschlucken. Hinunter geht's, über Serpentinen nach **Lorch**.

Kopfsteinpflaster im Ort lässt den Lenker vibrieren, am Berg steht ein mehr als 900 Jahre altes Kloster. Weiter führt eine Nebenstrecke der B 10 Richtung **Schwäbisch Gmünd**. Bald schon stößt sie auf die B 298. Hinter **Mutlangen** zeigt sich der Naturpark **Schwäbisch-Fränkischer Wald**.

Über einen Höhenrücken läuft die Bundesstraße. Keine Angst vor viel Verkehr: Dort, wo die Dörflein **Zimmerbach**, **Hertighofen** und **Vorderlintal** heißen, klingt es nicht nur verwunschen. Der Welzheimer Wald reicht rechts ans Pflaster heran, links grüßt die Frickenhofer Höhe. Dazwischen wogen Gräser.

Geschwind durch **Gschwend**; in **Unterrot** führen Serpentinen bergab. Die Idyllische Straße nach **Oberrot** trägt ihren Namen zu Recht: Mensch und Natur in Einklang. Klein die Dörfer, einzeln manch Gehöft, Wiesen, Felder und Wälder. Mittendurch winden sich Kurven. Dicht umwuchert der Mainhardter Wald die schmale Straße. Die Motorradfahrer werden zahlreicher, erst auf der B 14, dann auf der B 39 nach **Heilbronn**. Was ist hier los, am Rande der **Löwensteiner Berge**? Woher kommen die Biker: immer mehr, immer schneller, immer lauter?

Plötzlich, hinter zwei, drei Kurven ein Schild: Parkplatz Aussicht. 200 Meter, dann rechts – aber nur im Schritttempo. Hier, auf der »Platte«, wie Biker den Treffpunkt nennen, finden sich sonntags hunderte von Maschinen ein. Chopper

Die Blaskapelle spielt im Innenhof des Klosters Adelberg.

In den Löwensteiner Bergen räubern Biker Kurve um Kurve.

und Big-Bike, Rennmaschine und Tourer, Naked-Bike und Gespann. Sehen und gesehen werden, Benzin reden, zeigen, was geht.

Am Imbisswagen gibt es Sprudel und Würstchen, ein Stück weiter ein paar Bänke. Betörend ist der Blick nach Norden. Steil bricht von der Platte der Hang ab und offenbart eine Ebene, so weit wie nur selten in Baden-Württemberg. Links funkelt **Heilbronn**, rechts begrenzen die Waldenburger Berge die Sicht. Ein Gedenkstein zitiert Psalm 111,2: »Die Werke des Herrn sind groß, zum Staunen für alle.« Ein Kreuz ragt ins himmlische Blau, zum Gedenken an verunglückte Motorradfahrer.

So ergreifend es ist: Weiter geht's gen **Heilbronn**. Erst bergab, die Weinberge hinunter. Bei **Ellhofen** kommt die Autobahn 81 ins Spiel. Nichts wie drunter weg. Dann lieber an Orten wie **Binswangen** erfreuen, deren Kirchtürme vor den Weinbergen aufblitzen.

Neckarsulm heißt das Ziel, das Deutsche Zweirad-Museum. Also gleich hinter dem Schemelsberg-Tunnel rechts ab. Schnurstracks führt eine ruhige Straße ins Zentrum. Bis ein Schild nach rechts weist. Noch 100 Meter, voilà: Links steht das Deutschordenschloss, renoviert zum Museum.

Drinnen schlägt das Herz höher: Von der Hildebrand & Wolfmüller, erstes Serienmotorrad der Welt anno 1894, bis zur Kult-Maschine von Peter Fonda à la Easy-Rider. Und das in ehrwürdigem Gemäuer. Da schließt sich der Kreis: Eine Sonntagsfahrt zu Mauern, die bewahren.

Vor dem Steintor des Klosters Adelberg.

Nr.	Straße km	Position	Richtung	Information		
12	– 100 m	Neckarsulm	Neckarsulm	linker Hand Zweiradmuseum	🏛 ✳	– 100 m
11	– 5 km	hinter Schemelsberg-Tunnel	Neckarsulm	Landstraße, in das Städtchen hinein Richtung Zentrum	G T	5 km
10	B 39 16 km	Treffpunkt »Platte«	Heilbronn	zuerst kurvig, dann im Tal entlang schöner Weinberge	❀ ✳	B 39 16 km
9	B 39 13 km	Mainhardt	Heilbronn	kurvige Strecke am Rande der Löwensteiner Berge, Treffpunkt »Platte«	P ✂ X ✳	B 39 13 km
8	B 14 15 km	Kreuzung	Mainhardt	B 14 folgen	❀ ✳	B 14 15 km
7	– 8 km	Fichtenberg	Mainhardt	Idyllische Straße	✂ ✳	8 km
6	B 298 24 km	Unterrot	Oberrot	B 298, idyllische Straße	❀ ✳	B 298 24 km
5	B 298 8 km	Mutlangen	Gschwend	herrliche Ausblicke in den Naturpark Fränkisch-Schwäbischen Wald	T ❀ ✳	B 298 8 km
4	Nebenstrecke/ Kreuzung 5 km		Mutlangen	parallel zu B 10, schwungvolle Kurven	✳	B 298 5 km
3	– 1 km	Innenstadt Lorch	Schwäbisch Gmünd	Nebenstrecke, Kreisverkehr geradeaus, hinter Bahngleisen rechts	✳	– 1 km
2	B 297 11 km	vor Wäschenbeuren	Lorch	in Lorch bergauf bis auf Höhenzug, dann durch Wald mit Serpentinen	❀ ✳	B 297 11 km
1	L 1147 5 km	Adelberg	Göppingen	zuerst zwei Serpentinen, dann swingende Kurven	i G X ✳	L 1147 5 km

Dieses Roadbook zum Heraustrennen im Anhang

 **INFORMATION**

- **Adelberg**
Gemeindeverwaltung Adelberg
Vordere Hauptstraße 2
73099 Adelberg
Tel. 07166/91 01 10
Fax 07166/91 01 13
Internet www.region-stuttgart.de/
kommunen/adelberg/

- **Schwäbisch Gmünd**
Touristik-Gemeinschaft Stauferland
Marktplatz 37/1
73525 Schwäbisch Gmünd
Tel. 07171/603-42 50
Fax 07171/603-42 99
Internet www.stauferland.de

 **UNTERKUNFT**

- **Adelberg**
Campingplatz Adelberg
Sport- und Erholungszentrum Klosterpark
73099 Adelberg
Tel. 07166/9 12 10-0 oder -11
Fax 07166/9 121 0-29

- **Löwenstein**
Campingplatz Breitenauer See
74245 Löwenstein
Tel. 07130/85 58
Fax 07130/36 22
Internet www.breitenauer-see.de

- **Heilbronn**
Ringhotel Burkhardt
Lohtorstraße 7
74072 Heilbronn
Tel. 07131/6 22 40
Fax 07131/62 78 28
Internet www.ringhotels.de

 ESSEN & TRINKEN

- **Adelberg**
Klosterstüble mit Biergarten
Im Kloster 26
73099 Adelberg
Tel. 07166/92 99 92

Pizzeria Klosterhof
Klosterhof 1
73099 Adelberg
Tel. 07166/606

Zachersmühle
73099 Adelberg
Tel. 07166/255
Fax 07166/650
Internet www.zachersmuehle.de

 MOTORRADFAHREN

Die beschriebene Strecke ist eine tolle
Mischung aus dahinschwingenden
Kurven, Serpentinen und Geraden.
Sie führt durch dichte Wälder, weite Täler
und Hochrücken. Die Gegend ist recht
dünn besiedelt.

 **VERANSTALTUNGEN**

- **Kloster Adelberg**
Im Juli Festspiele mit Theater- und Musikaufführungen. Bühnen aus anderen Städten geben Gastspiele unter freiem Himmel in einzigartiger Atmosphäre.

SEHENSWERT

• **Herrenbachstausee**
Unterhalb von Kloster Adelberg, romantischer Rundweg. Allerdings nur zu Fuß, nicht mit einem motorisierten Fahrzeug zu erreichen.

• **Deutsches Zweirad-Museum**
NSU-Museum
Urbanstraße 11
74172 Neckarsulm
Tel. 07132/3 52 71
Fax 07132/3 54 02
Internet www.zweirad-museum.de

Voll auf der Höhe

Dort, wo sich die Schwäbische Alb erstreckt, findet der Biker ein unvergleichliches Revier: Weit das Land, rau die Gegend. Und am Ende der Tour grüßen die Alpen wie aus einer anderen Welt.

Kräftig pfeift der Wind über die Zinnen. Hier, 775 Meter über Normalnull, reckt sich **Burg Teck** himmelwärts. Tief unten sind der Ort **Owen** zu erkennen und das Lenninger Tal, rundum breitet sich der Landkreis Esslingen aus. Zünftig angezogen sind die Besucher auf **Burg Teck**, seit 1955 bewirtschaftetes Wanderheim. Mit Ferngläsern stehen sie an den Mauern oder sie erklimmen den Aussichtsturm. Was wäre eine Rast ohne Brotzeit? Spaziergänger wie Biker genießen sie im Biergarten.

Früher ging es wohl ungemütlicher zu, hier oben. Um 1135 bis 1150 erbauten die Zähringer **Burg**

Weit reicht der Blick über die Wiesen bis in das kräftige Grün der Wälder.

Teck. Anno 1323 wurde sie württembergisch und 1625 brannte sie im Bauernkrieg nieder. Nur Teile der Mauern sind noch mittelalterlich. Seit 1941 gehört die Burg dem Schwäbischen Albverein.

Vom Wanderparkplatz Bölle aus beginnt der – besonders in Leder – schweißtreibende halbstündige Aufstieg. Am Parkplatz pfeift es ähnlich wie auf der Burg, dabei ist es windstill: Modellflieger schicken ihre Segelfluzeuge in die Lüfte. Klein und bunt sind die Modelle oder riesig groß. Loopings drehen sie und zischen übers Land.

Wie die Motorradfahrer: Nichts wie runter auf die B 465, die in das immer enger werdende Tal der **Lauter** hineinführt. Weit spannen sich Kurven; Geraden verführen zu Sprints. Rechts

und links bedeckt dichter Wald die Berge. In **Gutenberg** beginnt die Kurvenhatz steil den Albtrauf hinauf, die Kante der **Schwäbischen Alb**. Enge Serpentinen, kräftig beschleunigen, vorbei an weit über die Straße hängenden Felsen. Oben öffnet sich das Land so unbesiedelt wie hierzulande an nur wenigen Stellen. Wälder und Felder, viel zu schön um bloß durchrast zu werden. Ein Schild an der Kreuzung zur B 28 kündigt **Blaubeuren** an.

Abgesehen davon, dass bewaldete Höhen **Blaubeuren** umgeben, dass Felsen den Ort überragen und dass die Stadt seit 1267 im Urtal der Donau schlummert, zählen hier zwei

Dinge: das 1085 gegründete Benediktinerkloster und der Blautopf. Das Kloster dominiert: Rund um einen Brunnen im Hof stehen uralte Bäume, der Kreuzgang ist ein Ort der Stille, und der Chorraum mit dem Hochaltar aus der Spätgotik eine Pflicht. Wer Kloster Blaubeuren verpasst, ist selber Schuld.

Der Blautopf, sagenhafter Schlund blauen Wassers, lockt Romantiker an. Mit 21 Metern ist dieser Karsttrichter eine der tiefsten und größten Quellen Deutschlands. Von hier aus verzweigt sich ein unterirdisches Labyrinth. Erst am 4. November 1985 entdeckte der Pforzheimer Höhlenforscher Joachim Hasenmayer bei einem 1250 Meter weiten Tauchgang

Die Mühle am Blautopf dreht sich schon seit ewigen Zeiten.

SCHWÄBISCHE ALB / OBERSCHWABEN / ALLGÄU

31

eine gigantische Höhle, halb Wasser, halb Luft. Er taufte sie Mörike-Dom.

So kommt Eduard Mörike zu Ehren, der die »Historie von der schönen Lau« verewigte und damit dem Blautopf seinen Mythos andichtete. Die Wassernixe aus dem Schwarzen Meer war in den Blautopf verbannt, weil sie nicht lachen konnte. Dank den Blaubeurern lernte sie es wieder – und durfte zurückkehren ins Schwarze Meer. Aber ganz ist sie nicht gegangen: Hinter der Hammerschmiede hat Bildhauer Fritz von Graevenitz die schöne Lau als Statue verewigt.

Die schöne Lau ist am Blautopf als Statue verewigt.

Vom Parkplatz am Rand des Blautopfes aus geben Biker gern Gas. Weiter führt die Tour über die Oberschwäbische Barockstraße nach Süden. Erst hinter **Ehingen** geht es weiter auf der Schwäbischen Dichterstraße gen **Biberach**. Bauernhöfe ruhen eingebettet im Grün, Felder passen sich der Form des Landes an.

Südlich von **Biberach** führt die Straße entlang am Hochgeländ. Von hier aus überrascht bei klarer Sicht die Aussicht: Plötzlich stehen am Horizont die Alpen, schneebedeckt und mächtig. Oberschwaben von seiner schönsten Seite: Kontrast aus saftigem Grün und Kühen, dunklem Wald und Feldern, fernem Gebirge und Weite. Zwischen **Bad Wurzach** und **Leutkirch** beginnt jener Zipfel des **Allgäus**, den das Ländle mitbekommen hat. Die Luft ist rau hier, in topfebenen Tä-

lern grasen Rindviecher. Sie haben Farbe wie Kaffee, in den jene Milch eingerührt wurde, die sie selbst geben.

In **Isny** stößt Baden-Württemberg an seine Grenzen. Gute Gelegenheit, in einem Straßencafé der barocken Fußgängerzone ein Eis zu genießen. Die Straßen führen von hier aus tief ins **Allgäu**, hinein nach Bayern. Auch schön da, aber eine andere Geschichte.

Unterwegs animieren herrliche Ausblicke zur Rast.

Nr.	Straße km	Position	Richtung	Information		
7	- 15 km	Herlazhofen	Isny	Landstraße mit schönen Ausblicken	❁ ✳	- 15 km
6	B 18 2 km	Leutkirch	Herlazhofen	kleiner Straße am Rande Leutkirchs folgen	🅣 ❁	B 18 2 km
5	B 465 14 km	Bad Wurzach	Leutkirch	sanfte Kurven durchs baden-württembergische Allgäu	❁ 🅣	B 465 14 km
4	B 465 30 km	Biberach/Riß	Bad Wurzach	Berg- und Talstrecke, erste Blicke auf die Alpen	🏃 ✳	B 465 30 km
3	B 465 41 km	Blaubeuren	Biberach/Riß	Oberschwäbische Barockstraße	🏃 ✳	B 465 41 km
2	B 28 20 km	Kreuzung	Blaubeuren	herrliche Strecke über die Höhe, lange Kurven, betörende Ausblicke	❁ ✖ ✳	B 28 20 km
1	B 465 20 km	Owen	Blaubeuren	swingende Kurven durchs Lenninger Tal, kleinere Orte	🅑 ❁ 🅣 ✳	B 465 20 km

Dieses Roadbook zum Heraustrennen im Anhang

INFORMATION

• **Kirchheim**
Verkehrsamt
Max-Eyth-Straße 15
73230 Kirchheim
unter Teck
Tel. 07021/30 27
Fax 07021/48 05 38
Internet www.
kirchheim-teck.de
oder www.s-alb.org

• **Blaubeuren**
Tourist-Information
Auf dem Graben 15
89143 Blaubeuren
Tel 07344/92 10 25
Fax 07344/96 69 36
Internet
www.blaubeuren.de

• **Isny**
Tourist-Information
und Zimmervermitt-
lung Isny
Internet www.isny.de

UNTERKUNFT

• **Kirchberg**
Camping
Christophorus-Illertal
88486 Kirchberg/
Sinningen
Tel. 07354/663
Fax 07354/9 13 14
Internet
www.camping-
christophorus.de

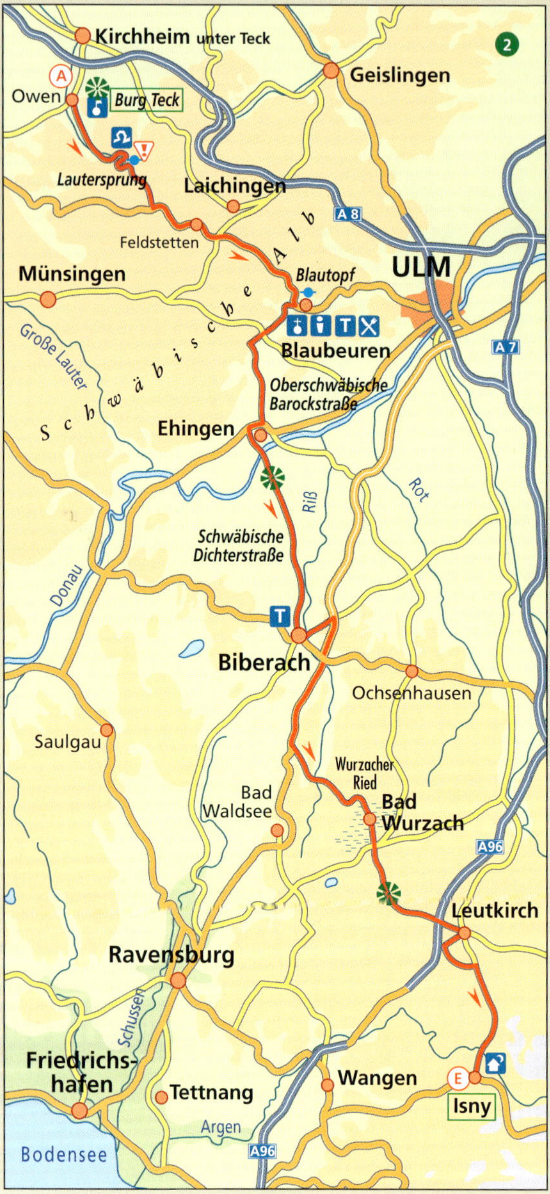

Kirchheim unter Teck
Owen
Burg Teck
Lautersprung
Laichingen
Geislingen
Feldstetten
Münsingen
Blautopf
ULM
Blaubeuren
Schwäbische Alb
Oberschwäbische
Barockstraße
Ehingen
Große Lauter
Riß
Rot
Schwäbische
Dichterstraße
Donau
Biberach
Ochsenhausen
Saulgau
Wurzacher
Ried
Bad
Waldsee
Bad
Wurzach
Leutkirch
Ravensburg
Schussen
Friedrichs-
hafen
Tettnang
Wangen
Isny
Argen
Bodensee

• **Isny**
Hotel Garni Am Roßmarkt
Roßmarkt 8–10
88316 Isny
Tel. 07562/97 65 00
Fax 07562/40 52

ESSEN & TRINKEN

• **Blaubeuren**
Kiosk am Fritz
Auf dem Graben 20, 89143 Blaubeuren
Tel. 07344/36 37

Gasthof Blautopf
Blautopfstraße 4, 89143 Blaubeuren
Tel. 07344/77 67

In Blaubeuren weiß der Besucher schnell, wo's lang geht.

MOTORRADFAHREN

Die hier beschriebene Strecke bietet von jedem etwas: lange und weite Kurven, Serpentinen, lange Geraden in der Ebene und im Gefälle. Sie besticht vor allem durch ihre Fülle an Naturschönheiten. Keine Sorge: Dass Teile über Bundesstraßen führen, hat keinen Nachteil zur Folge. Das Land ist dünn besiedelt, der Verkehr ist nicht dicht.

SEHENSWERT

• **Owen**
Burg Teck

• **Blaubeuren**
Koster, Blautopf

• **Isny**
Barocke Fußgängerzone

Erlebnis der Weite

Eine Burgruine als Startpunkt
und ein Schloss am Ziel: 90 Kilometer
voller einzigartiger Anblicke.
Und für den, der darauf achtet:
Auch geschichtliche Einblicke fehlen
nicht bei dieser Tour, die sich in
den Weiten der Schwäbischen Alb
verliert.

Graue Mauern in 743 Metern über Normalnull: Nur noch eine Ruine erinnert an Jahrhunderte während Stärke. Heute heult der Wind durch Löcher, die einst Fenster waren: Burg Hohenneuffen, gegründet um 1100, hat ihre guten Zeiten hinter sich. Als Festung und Staatsgefängnis widerstand sie Kriegen – mit Folgen: Schon 1790 soll der Herzog auf die Aussage des Festungskommandanten »Auf Hohenneuffen nichts Neues vorgefallen« geantwortet haben: »Bin froh, wenn nichts Altes eingefallen ist.«

Von dem Wanderparkplatz sind es nur wenige Schritte zu den Verlie-

Auf der Schwäbischen Alb führen Straßen durch Weite, wie man sie sonst selten findet.

sen, den Steinen und – dem Restaurant mit Biergarten im Burghof. Allerdings ist die Anfahrt von **Neuffen** über die gleichnamige Steige samstags, sonntags und feiertags für Motorräder gesperrt. Zu viel ist hier schon passiert. In jedem Fall gelingt der motorisierte Aufstieg von **Beuren** aus: Gegenüber dem Freilichtmuseum steigt die Straße hinauf zur Burg auf der Vorderen Alb.

Unübersehbar thront Schloss Sigmaringen über der Stadt an der Donau.

Bad Urach ist aufpoliert. Sehenswert ist der fachwerkgesäumte Marktplatz mit seinem Brunnen. Laut einer Sage ist in **Bad Urach** das schwäbische Nationalgebäck erfunden worden. Ein verurteilter Bäcker habe sein Leben gerettet, indem er einen Kuchen backte, so seine Aufgabe, durch den die Sonne dreimal durchscheinen könne. Drei Tage später, die Zeit wurde knapp, kam ihm die rettende Idee als er die ver-

schränkten Arme seiner Frau sah – und wickelte die erste Brezel. Dass die Laugenbrezel Salz statt Zucker abbekam, lag an der Katze, die das Gebäck so unglücklich mit dem Schwanz erwischte, dass es in einen Trog mit Natronlauge fiel. Das Wort »Brezel« übrigens soll sich vom lateinischen »brazula« ableiten: verschlungene Arme. Die schöne Geschichte verwundert nicht – immerhin liegt Bad Urach an der Schwäbischen Dichterstraße.

Über die geht es weiter auf der Hinteren Alb gen **Seeburg**: Sich zu stärken macht Spaß im Café Schlössle, das sich auf dem Weg nach **Münsingen** in einem Park voller Putten gegen den dunklen Wald abhebt. Wer es rustikaler mag: Kurz hinter dem Ort steht rechts an der Straße unter einem Schatten spendenden Baum ein Brunnentrog.

Die Struktur des Dorfes offenbart sich aus der Vogelperspektive.

Romantisch zeigen sich die Hügel rund um **Marbach**. Seit mehr als 400 Jahren werden hier Pferde gezüchtet. Der Biker hat keine Chance, die Rösser zu verpassen. Stolz stehen sie auf saftigen Weiden, spielen miteinander, laufen, lassen ihre Nüstern beben. Um sie dreht sich alles in dem Ort, besonders zur Hengstparade an zwei Wochenenden Ende September, Anfang Oktober: Dann ist es sogar in **Marbach** voll.

Kaum zu glauben angesichts des weiten Landes vor **Engstingen**. Rechts und links wiegt sich Korn im Wind, Hecken säumen die Felder. Am Horizont stehen dunkle Wälder, unerreichbar. Dass sich der Biker hier auf der Schwäbischen Alb befindet, verrät ihm hinter **Engstingen** die Schwäbische Albstraße. Sanft führen Kurven durch ein einsames Tal, das mal enger wird, mal weiter. Felder, durchzogen von glasklaren Bächen. Grau lassen Felsen die Sonne abblitzen, hängen über der Straße.

Lebhaft geht es in **Trochtelfingen** zu. Fachwerk drängt sich dicht an dicht in dem kleinen Zentrum, blitzblanke Wirtshausschilder über der engen Ortsdurchfahrt. Menschen kaufen ein, kehren vor ihren Haustüren und halten ein Schwätzchen. Von hier aus führt die B 313 über Kurven nach

Gammertingen. Hinter der Stadt auf der B 32 Kurvenhatz pur. Kehren erfordern Schräglagen bis auf die Fußrasten, weite Bögen gestatten Tempo. Immer wieder ragen Felsen im dichten Wald auf, immer wieder betten Wiesen die Straße ein, flankieren Felder die Strecke.

Bis sich die zwei Spuren verdoppeln. Nun geht es ein Stück im Autobahntempo dem Ziel entgegen: **Sigmaringen**, Stadt an der Donau, deren Wurzeln bis um 1000 v. Chr. zurückreicht. Unübersehbar thront das Schloss auf einem Felsen. Erstmals wurde es 1077 als Burg erwähnt. Sein prunkvolles Aussehen erhielt das Wahrzeichen der Stadt durch die Grafen und seit 1623 Fürsten von Hohenzollern-Sigmaringen, die es seit 1535 besitzen.

Motorradfahrer, die Kultur genießen, sollten das Schloss besichtigen: Möbel, Porzellan und Gemälde vermitteln Eindrücke aus einer Zeit, in der die hier geschilderte Strecke wohl noch ein paar Tage gedauert hat. Wie das damals ging? Das Marstallmuseum des Schlosses zeigt höfische Wagen, Schlitten und Sänften aus dem 18. bis 20. Jahrhundert. Danach macht die Weiterfahrt erst richtig Spaß.

Nr.	Straße / km	Position	Richtung	Information		
10	B 32 / 23 km	Gammer-tingen	Sigmaringen	wechselndes Tal, sehr kurvig	T ✳	B 32 23 km
9	B 313 / 10 km	Trochtel-fingen	Gammer-tingen	wechselndes Tal, sehr kurvig	T ✳	B 313 10 km
8	B 313 / 16 km	Groß-engstingen	Trochtelfingen	wechselndes Tal, sehr kurvig	T ✳	B 313 16 km
7	L 249 / 6 km	Eglingen	Groß-engstingen	Landstraße mit schönen Ausblicken	❀ ✳	L 249 6 km
6	L 230 / 5 km	kurz vor Münsingen	Zwiefalten	kleiner Straße folgen, später Schwäbische Dichterstraße	❀ ✳	L 230 5 km
5	B 465 / 8 km	Seeburg	Münsingen	Café Schlössle, kurvige Strecke durch Wald	✗ ❀	B 465 8 km
4	B 28 / 0,5 km	Bad Urach	Münsingen	Stadt	T ✳	B 28 0,5 km
3	K 1263 / 8 km	Kreuzung	Bad Urach	herrliche Strecke über die Höhe, lange Kurven	❀ ✳	K 1263 8 km
2	K 1262 / 3 km	Kreuzung	Bad Urach	herrliche Strecke über die Höhe, lange Kurven	❀ ✳	K 1262 3 km
1	K 1244 / 2 km	Parkplatz Hohen-neuffen	Bad Urach	swingende Kurven	❀ ✳	K 1244 2 km

Dieses Roadbook zum Heraustrennen im Anhang

 INFORMATION

- **Neuffen**
Bürgermeisteramt Neuffen
Hauptstraße 19, 72639 Neuffen
Tel. 07025/106-0, Internet www.neuffen.de

- **Bad Urach**
Tourist-Info Bad Urach, Bei den Thermen 4
72574 Bad Urach
Tel. 07125/94 32-0, Fax 07125/94 32-22
Internet www.bad-urach.de

- **Trochtelfingen**
Verkehrsverein/Verkehrsamt
Trochtelfingen, Rathausplatz 9
72818 Trochtelfingen
Tel. 07124/48-20 oder 48-21
Internet www.trochtelfingen.de

- **Sigmaringen**
Kreisstadt Sigmaringen, Rathaus
Tel. 07571/106-0
Internet www.sigmaringen.de
oder www.hohenzollern.de

 UNTERKUNFT

- **Sigmaringen**
Campingplatz Sigmaringen
Familie Friemauth
Georg-Zimmerer-Straße 6
72488 Sigmaringen
Tel. 07571/5 04 11,
Fax 07571/5 04 12
Internet www.campingplatz-
sigmaringen.de

Hotel Gasthof Traube
Fürst-Wilhelm-Straße 17
72488 Sigmaringen
Tel. 07571/6 45 10,
Fax 07571/5 06 15

ESSEN & TRINKEN

- **Seeburg**
Café Schlössle
am Ortseingang von
72574 Bad Urach-Seeburg
Montag Ruhetag
Tel. 07381/31 20

Die Weinreben stehen am Hang wie mit dem Lineal gezogen.

MOTORRADFAHREN

Die Strecke hält in jeder Hinsicht Überraschungen bereit: Sie führt über lange, weite Ebenen und durch enge Täler vorbei an imposanten Bauwerken.

SEHENSWERT

• **Neuffen**
Burgruine

• **Bad Urach**
Marktplatz mit Marktbrunnen

• **Marbach**
Hengstparade an zwei Wochenenden Ende September/Anfang Oktober, jeweils 12.00–15.30 Uhr, Kartenvorbestellung, Tel. 07385/9 69 50.

• **Trochtelfingen**
Bierkrug- und Bierdeckelmuseum der Albquell-Brauerei, Öffnungszeiten und Führungen nach Vereinbarung, Lindenplatz 6, Tel. 07124/733 oder 10 33.

• **Sigmaringen**
Schloss mit Museum

Wo die Welt staunt

Start beim Kulturerbe der Menschheit, Kloster Maulbronn, eingebettet in friedliche Natur, bis hin zum prächtigen Schloss in Ludwigsburg. Eine Tour, die auch das größte Kulturbedürfnis befriedigt.

Wer durch das Gotische Tor schreitet, erliegt der Vollkommenheit: In voller Größe verströmt die Anlage jenes Fluidum, das heilige Mauern gern und schnell erzeugen: **Kloster Maulbronn**. Die einstige Zisterzienserabtei anno 1147 gilt als die besterhaltene Klosteranlage des Mittelalters nördlich der Alpen. Ora et labora – 390 Jahre haben die Mönche in **Maulbronn** gebetet und gearbeitet. Noch immer existiert die Klostermühle neben Pfisterei (dem Bäcker), Haberkasten, Speicher und Melkstall. Herzoglicher Fruchtkasten und Kelter dienen heute als Stadthalle.

Kloster Maulbronn gilt als die best erhaltene Klosteranlage nördlich der Alpen.

STROM- UND HEUCHELBERG

45

Nach der Reformation 1556 richtete Herzog Christoph von Württemberg hier eine Evangelische Klosterschule ein. Umgewandelt 1807 in ein evangelisch-theologisches Seminar, besteht sie noch heute. Hier drückten Schüler von Weltruf die Bank: Johannes Kepler, Friedrich Hölderlin, Hermann Hesse. Dank ihrer Vollständigkeit hat die Gesamtanlage **Maulbronn** 1993 den Status des Weltkulturerbes der UNESCO errungen.

So viel Kultur macht Appetit auf Fahren: **Strom- und Heuchelberg** zwischen Schwarz- und Odenwald als Kontrast zum Klosterleben. **Knittlingen** wirbt mit seinem Faustmuseum, **Oberderdingen** putzt sich mit Fachwerk. Im Naturpark **Strom- und Heuchelberg** nehmen die Reifen sanfte Kurven unters Profil. Bis nach links ein Wegweiser »Zur Ölmühle« zeigt. Also anderthalb Kilometer über eine winzige Straße tuckern, dann rechts und – hoppla – Tische unter hohen Bäumen. Die Speisekarte offeriert Deftiges und Delikates. Es ist Mittag, die Sonne scheint im Kraichgau, prima für Wurstsalat und Mineralwasser.

Insgesamt verwöhnt die Weinstraße Kraichgau-Stromberg eher mit Dahingleiten denn mit Kurvenhatz. Städtchen wie **Güglingen** mit seinem Fachwerk-Rathaus laden großplakatig zur nächsten Hocketse ein. Ländle, du hast es gut hier. Woher die Lebensqualität stammt? Das offenbart sich auf dem **Stromberg**: Üppig tragen die Weinreben, von der Sonne verwöhnt. Sauber gemäht sind die Wiesen, Heu wartet geballt auf die Scheune. Sonnenblumen malen das Land an. Dunkel setzen sich Wälder von den Feldern ab. Das Geheimnis: Das Land ist von der Natur begünstigt. Wohl dem, der den Frieden, der kraftvoll über dem Land liegt, für sein Leben zu nutzen vermag.

Immer weiter geht die ruhige Fahrt. Bis plötzlich Kurven nach Aufmerksamkeit gieren. Protektoren an Leitplanken: Hier engagierten sich Biker. Auf dem Wasser der Enz setzen Paddler ihre Muskelkraft ein, auf der Brücke darüber geben Biker Gas. Aber bitte nicht zuviel in solch verschwiegenen Dörfern wie **Großsachsenheim** oder **Unterriexingen**.

Markgröningen: Was es dort gibt? Immerhin einen wunderschönen Fachwerkkern. Vielmehr aber den Schäferlauf,

Viele Kirchen des Landes wurden über Jahrhunderte gut gepflegt.

immer um den 24. August. Ein erster Hinweis auf das älteste schwäbische Heimatfest findet sich in einer Spitalrechnung von 1445. Einst stand die Lade der Schäferzunft in **Markgröningen**. Erst 1723 wurde sie in drei Nebenladen geteilt, in Heidenheim, Urach und Wildberg. Damals herrschte Anwesenheitspflicht beim Zunfttreffen am Bartholomäustag, dem 24. August. Das Gericht schlichtete Streit, fällte Urteile – und sprach Lehrlinge los.

Nach der Auflösung der Zünfte 1828 übernahm die Stadt die Regie des Festes: Im Mittelpunkt steht der Lauf von Schäfern und deren Töchtern: barfuß über ein 300 Schritt langes Stoppelfeld. Das Siegerpaar wird zu Schäferkönig und -königin gekrönt – und erhält je einen Hammel. Zum Schmuck tragen Gruppen in historischen Trachten bei. Auch wenn das Spektakel gerade nicht in **Markgröningen** herrscht, lohnt sich ein Abstecher in die Innenstadt allemal.

Der Wein ist ein Pfund im Reichtum Baden-Württembergs.

Danach geht es weiter bis **Ludwigsburg**, zum Schloss mit seinem Blühenden Barock, angelegt im 18. Jahrhundert: Ursprünglich hatte Herzog Eberhard Ludwig ja ein Lustschloss im Sinn. Um mächtiger zu wirken, forderte er anno 1709 die Bevölkerung auf, hier zu siedeln. Bauplatz und -material vergab der Herzog kostenlos – und 15 Jahre Steuerfreiheit. Ihren barocken Charme präsentiert die Stadt **Ludwigsburg** erst recht im Park rund um das Schloss: Stolz präsentiert die Anlage Gartenkunst auf mehr als 30 Hektar. Ständig wechselnde Ausstellungen, Blumenschauen und der Märchengarten ergänzen den Spaß. Familien, vielleicht unterwegs im Gespann, können hier getrost ihren Tag nach der Tour ausklingen lassen.

Nr.	Straße km	Position	Richtung	Information			Sign
12	L 1141 / 5 km	Mark-gröningen	Ludwigs-burg	Fahrt durch Felder, durch Asperg, Richtung Schloss	🅃 🅟 🅟	✳	L 1141 / 5 km
11	L 1141 / 1 km	hinter Groß-sachsenheim	Mark-gröningen	Landstraße	❄	✳	L 1141 / 1 km
10	L 1110 / 5 km	Groß-sachsenheim	Ludwigsburg	zuerst kurvig, dann im Tal entlang schöner Weinberge	❄	✳	L 1110 / 5 km
9	L 1110 / 5 km	Hohen-haslach	Groß-sachsenheim	schöne kurvige Strecke, Kreuzung am Ortsende	❄	✳	L 1110 / 5 km
8	L 1110 / 4 km	Eibensbach	Bietigheim	Ortsdurchfahrt	❄	✳	L 1110 / 4 km
7	K 2150 / 3 km	Cleebronn	Eibensbach	Schwäbische Weinstraße	🍇	✳	K 2150 / 3 km
6	K 2068 / 6 km	Brackenheim	Cleebronn	Idyllische Straße, durch Cleebronn	❄	✳	K 2068 / 6 km
5	L 1103 / 22 km	Ober-derdingen	Brackenheim	Weinstraße Kraichgau-Stromberg, kurvig, Gefälle, Steigungen, Ortsdurchfahrten	🅃 ❄	✳	L 1103 / 22 km
4	L1103 / —	Zur Ölmühle	Ober-derdingen	gemütlicher Biergarten, geteerter Feldweg	🅐 🅧		L1103
3	L 554 / 4 km	Ober-derdingen	Sternenfels	schöne, gemütliche Strecke		✳	L 554 / 4 km
2	K 4512 / 3 km	Knittlingen	Ober-derdingen	Ortsdurchfahrt, vorher leichte Kurven		✳	K 4512 / 3 km
1	- / 1 km	Maulbronn	Bruchsal	Ortsdurchfahrt	🅟 🅟 🅃	✳	- / 1 km

Dieses Roadbook zum Heraustrennen im Anhang

Die Natur steht im Kraichgau im Einklang mit den Feldern.

STROM- UND HEUCHELBERG

ℹ INFORMATION

• Bretten
Touristikgemeinschaft
Kraichgau-Stromberg
Melanchthonstraße 1
75015 Bretten
Tel. 07252/95 76 10
Fax 07252/95 76 12
E-Mail info@kraichgau-stromberg.com
Internet www.kraichgau-stromberg.com

• Maulbronn
Stadtverwaltung Maulbronn
Postfach 47
75429 Maulbronn
Tel. 07043/103-0
Fax 07043/103-45

• Markgröningen
Stadtverwaltung Markgröningen
Marktplatz 1
71706 Markgröningen
Tel. 07145/13-0
Internet www.markgroeningen.de

• Ludwigsburg
Tourist Information Ludwigsburg
Wilhelmstr.10
71638 Ludwigsburg
Tel. 07141/9 10 21 23
Fax 07141/9 10 22 18 (auch Faxabruf)
Internet www.ludwigsburg.de

UNTERKUNFT

• Knittlingen
Stromberg Camping
Diefenbacher Straße
75438 Knittlingen
Tel. 07043/21 60
Fax 07043/4 04 05

• Ludwigsburg
Hotel Favorit
Gartenstraße 18
71638 Ludwigsburg
Tel. 07141/97 67 70
Fax 07141/90 29 91

ESSEN & TRINKEN

*Hier bekommt der Gast,
was für ihn gut ist.*

- **Oberderdingen**
Gasthaus Zur Ölmühle
75038 Oberderdingen
(Richtung Sternenfels)
Montag Ruhetag
Tel. 07045/720
Fax 07045/93 04 10
Internet www.knoedelkoenig.de

MOTORRADFAHREN

Die Strecke gestattet dem Fahrer eher
den Genuss einer ruhigen, beschaulichen
Tour. Nur manchmal verlangen Kurven
und hügeliges Gelände nach Aufmerksamkeit.

SEHENSWERT

- **Maulbronn**
Infozentrum Kloster, Klosterhof 5
Tel. 07043/92 66 10, Fax 07043/92 66 11
Internet www.schloesser-magazin.de

- **Markgröningen**
Marktplatz mit Fachwerkhäusern, Schäferlauf um den 24. August

- **Ludwigsburg**
Schloss mit Blühendem Barock und Märchengarten, schöne Innenstadt.
Blühendes Barock
Mömpelgardstraße 28, 71640 Ludwigsburg
Tel. 07141/92 42 41, Fax 07141/9 75 65 33
Internet www.blueba.de

STROM- UND HEUCHELBERG

51

Quell
der Freude

Der Neckar erweist sich als Lebensader Baden-Württembergs. Von seinem Ursprung bis nach Stuttgart wächst er zum schiffbaren Fluss heran und hält für Biker tolle Strecken bereit.

Das soll der **Neckar** sein? Ohne Tafel würde kaum ein Parkbesucher in Schwenningen vermuten, dass hier der 371 Kilometer lange Neckar entspringt: »Hier errichtete Herzog Ludwig von Württemberg 1581 einen Stein mit der Inschrift ›Das ist des Neccars Ursprung‹.«

Der Weg des **Neckars** gibt die Strecke vor: nach Norden über die von Mischwald gesäumte B 27. Der Quell ist in **Rottweil** zu einem passablen Bach herangewachsen. Rottweils Wurzeln, nach eigenem Bekunden älteste Stadt Baden-Württembergs, reichen zurück bis zu den alten Römern. Arae Flaviae, so

Am Oberlauf des Neckars klammern sich gemütliche Städte an die Hänge.

Rottweil geht zurück bis auf die alten Römer.

der einstige Name, war die einzige Siedlung mit römischem Stadtrecht auf dem Boden des heutigen Baden-Württembergs. Zeugnisse dieser Epoche zeigt das Dominikanermuseum.

Der Pulverturm ragt über das Neckartal. Der Innenhof, in dem der halbrunde Turm seit etwa 1400 steht, bildet im Sommer die Kulisse für Mundartstücke des Rottweiler Zimmertheaters. In der Altstadt mit den bis zu 30 Meter tiefen, schmalen Häusern dominiert das Schwarze Tor – zur schwäbisch-alemannischen Fasnet Ausgangspunkt des berühmten Narrensprungs.

Rottweil liegt an der Römerstraße Neckar-Alb. Der Fluss markiert hier quasi die Grenze zwischen Schwarzwald im Westen und Schwäbischer Alb im Osten. Nächste Station ist die Waffenstadt **Oberndorf**, die sich mit den Firmen Mauser sowie Heckler & Koch einen weltweiten Namen gemacht hat. Klar, dass das dortige Heimatmuseum eine Waffensammlung beherbergt.

Appetit treibt die Biker nach **Sulz**. Über den schmucken Häusern erhebt sich die Ruine Albeck. Inmitten des Ortes, dessen Name auf Salzquellen zurückgeht, lockt der Gasthof Lamm: Unter Kastanien stehen Tische und Stühle; Linsen mit Spätzle und Saitenwürstchen geben Kraft für die weitere Tour.

Die führt nun ein Stück vom **Neckar** weg: Gegenüber von **Sulz** kurvt eine schmale Straße über den Höhenrücken. Unerwartet stehen die Biker vor dem Wasserschloss Glatt. Kaiser Karl V. hat am

31. Mai 1541 Reinhard von Neuneck, Ritter zu Glatt, die Erhebung seines Schlosses zur Freystatt verbrieft. Damit bot es jedermann Schutz, Frieden und Sicherheit. Noch heute herrscht Ruhe in dem von einem Wassergraben umzogenen hellen Gemäuer. Im Garten zeigen bunte Sonnenschirme ein Café an. Anno 2000 hat hier ein großes Treffen der Marke MV Agusta stattgefunden, vor den Mauern sind Motorrad-Parkplätze angelegt. Wer hier pausiert, kann das Bauernmuseum im Schloss besuchen.

Wer weiter dem **Neckar** folgen will, fährt zurück auf die B 14 gen **Horb**. Bis es links ab geht nach **Rexingen**: Oberhalb dieses Dorfes versteckt sich ein jüdischer Friedhof: 900 Grabsteine aus den Jahren 1760–1962. Pflanzen überwuchern sie, Sonnenlicht fällt durch das Dunkel der Bäume. Ein Moment der Stille lässt die Zeit vergessen.

Wasserschloss Glatt findet nur, wer von der Hauptroute abweicht.

Biker und Paddler folgen auf ihre Weise dem Fluss.

In Mühlen biegen die Biker rechts von der Bundesstraße ab, immer dem **Neckar** folgend. Sein Tal ist hier breiter als bisher. Nahe **Starzach** thront über dem **Neckar** Schloss Weitenburg, das auf eine Burg anno 1062 zurückgeht. Seit 1720 gehört es den Freiherren von Rassler. Freiherr Max von Rassler junior begrüßt die Biker: »Bei uns sind Motorradfahrer immer gern gesehen.« Der Zwischenstopp lohnt: Kaffee und Kuchen auf der Terrasse mit Blick über das Neckartal – wie romantisch.

Weiter dem Fluss folgen. Hinter **Rottenburg**, dessen Einfahrt Felsen verengen, weitet sich das Tal. Links gen **Tübingen** ragt die Wurmlinger Kapelle St. Remigius 475 Meter hoch auf dem Kapellenberg. Anno 2000 war das Kirchlein 950 Jahre alt. Nur noch die Krypta erinnert an den romanischen Bau, vollendet unter Papst Leo IX. im Jahr 1050.

In **Tübingen** ist der Fluss Quell der Freude: Kähne stechen über den Neckar, fröhliche Passagiere auf harten Bänken. Im Biergarten trinken Gäste Helles und schmausen. Die

Stadt ist ein Jungbrunnen – die Studenten machen's möglich. Dennoch erhält **Tübingen** sein Flair der Dichter und Denker: Der Hölderlin-Turm ist stummes Zeugnis beredter Zeit.

Der Fluss läuft in dicht besiedeltes Gebiet wie **Nürtingen**. Wo Menschen sind, ist Industrie nah. Ab **Plochingen** ist der Neckar schiffbar, bis **Esslingen** säumen ihn Hafenanlagen. Der Neckar ist breit und dunkel, die Schönheit glasklaren Wassers geht ihm hier verloren – nur um ihm ein anderes Gesicht zu verleihen.

Esslingen mit seinem Fachwerk krönt die Tour; weiter flussaufwärts folgt Stuttgart. Doch der Ausflug in die Landeshauptstadt soll hier nicht vorweggenommen werden.

Nr.	Straße km	Position	Richtung	Information	
14	B 10 / 10 km	Kreuzung	Esslingen	autobahnähnlich, bis Innenstadt Esslingen	B 10 / 10 km
13	B 313 / 11 km	Nürtingen	Esslingen	Ortsdurchfahrt, Römerstraße Neckar-Alb	B 313 / 11 km
12	B 297 / 18 km	hinter Tübingen	Nürtingen	Fahrt durch Wald, kurvig	B 297 / 18 km
11	B 27 / 6 km	Tübingen	Stuttgart	vierspurige Schnellstraße	B 27 / 6 km
10	L 370 / 13 km	Rottenburg	Tübingen	weites Neckartal, Blick auf Wurmlinger Kapelle	L 370 / 13 km
9	L 370 / 11 km	Starzach	Rottenburg	landschaftlich schöne Strecke	L 370 / 11 km
8	K 6924 / 3 km	Starzach	Starzach	Straße durch Wald und Feld zu Schloss Weitenburg	K 6924 / 3 km
7	L 370 / 1 km	Horb	Mühlen	Uferstraße	L 370 / 1 km
6	K 4779 / 2 km	Rexingen	Rexingen	kleine Straße führt zum jüdischen Friedhof	K 4779 / 2 km
5	B 14 / 12 km	Sulz	Horb	bewaldete Strecke zwischen Schwarzwald und Schwäbischer Alb	B 14 / 12 km
4	K 5512 / 4 km	Sulz	Wasserschloss Glatt	kurvige Strecke, Wasserschloss	K 5512 / 4 km
3	B 14 / 27 km	Oberndorf	Sulz	schöne, gemütliche Strecke, gemütlicher Biergarten	B 14 / 27 km
2	B 14 / 3 km	Rottweil	Oberndorf	Ortdurchfahrt, vorher leichte Kurven	B 14 / 3 km
1	B 27 / 18 km	Schwenningen	Rottweil	Ortsdurchfahrt	B 27 / 18 km

Dieses Roadbook zum Heraustrennen im Anhang

ℹ INFORMATION

• Rottweil
Tourist-Information Rottweil
Hauptstraße 21–23, 78628 Rottweil
Tel. 0741/49 42 80, Fax 0741/49 43 73
Internet www.rottweil.de

• Oberndorf
Stadtverwaltung Oberndorf
Klosterstraße 3, 78727 Oberndorf
Tel. 07423/7 71 49, Fax 07423/77 21 11
Internet www.oberndorf-neckar.de

• Sulz
Städtisches Verkehrsamt
Postfach 1180
72168 Sulz
Tel. 07454/9 65 00
Fax 07454/96 50 12
Internet www.sulz.de

• Rottenburg
WTG Rottenburg
Marktplatz 18, 72108 Rottenburg
Tel. 07472/91 62 36
Fax 07427/91 62 33

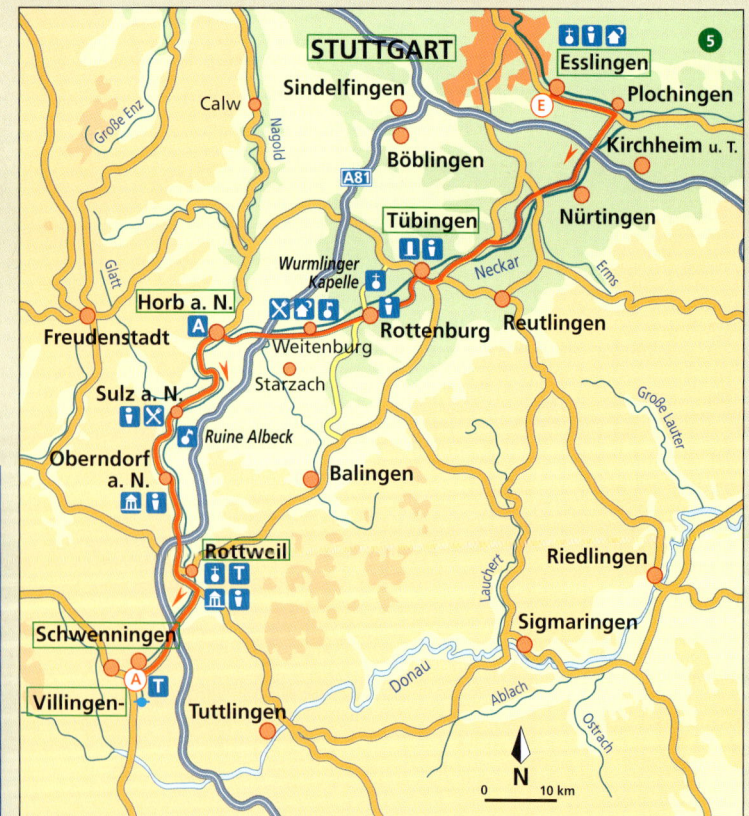

• Tübingen
Tourist-Information
An der Neckarbrücke, 72072 Tübingen
Tel. 07071/9 13 60, Fax 07071/3 50 70
Internet www.tuebingen.de

• Esslingen
Stadtinformation im Kielmeyerhaus
Marktplatz 2, 73728 Esslingen am Neckar
Tel. 0711/39 69 39-69,
Fax 0711/39 69 39-39
Internet www.esslingen.de

UNTERKUNFT

• Starzach
Schloss Weitenburg
72181 Starzach-Weitenburg
Tel. 07457/93 30, Fax 07457/93 31 00
Internet www.schloss-weitenburg.de

• Esslingen
Gasthof Blauer Bock
Plochinger Straße 5, 73730 Esslingen
Tel. 0711/31 20 17

ESSEN & TRINKEN

• Sulz
Gasthof Lamm
Marktplatz 5, 72172 Sulz
Tel. 07454/9 62 60, Fax 07454/96 26 26

• Rosenfeld
's Lichthaus
Joachim Pochert
Obere Gasse 12
72348 Rosenfeld-Leidringen
Tel. 07428/91 73 73, Fax 07428/91 73 74
E-Mail pension.lichthaus@t-online.de

MOTORRADFAHREN

Die Tour am Neckar bietet fahrerisch
keine allzu große Herausforderung, aber
sie verwöhnt den Biker mit außergewöhnlich schöner Natur. Die Straßen sind
weitgehend schwach befahren, erst im
Ballungsraum Stuttgart nimmt der Verkehr
deutlich zu.

VERANSTALTUNGEN

Viele der in der Geschichte beschriebenen
Städte feiern im Sommer Stadtfeste.

SEHENSWERT

• Dominikanermuseum Rottweil
Am Kriegsdamm 4
78628 Rottweil
Tel. 0741/49 43 30 oder 76 62
Fax 0741/49 43 77

• Heimatmuseum Oberndorf
Klosterstraße 14
78727 Oberndorf
Tel. 07423/7 71 26
Fax 07423/7 71 11

• Wasserschloss Glatt
72168 Sulz-Glatt
Tel. 07482/235

• Schloss Weitenburg
Internet www.schloss-weitenburg.de

Das ist die Höhe

Die Landeshauptstadt zieht die Besucher Baden-Württembergs magnetisch an. Neben vielfältigen kulturellen Sehenswürdigkeiten bietet Stuttgart auch Bikern spannende Ziele.

Tief unten, eingebettet zwischen Wäldern, Hängen und Reben, erstrahlt **Stuttgart**. Weithin sichtbar das dicht bebaute Zentrum, das alte und das neue Schloss, hinter dem sich der Schlossgarten gen Nordosten zieht, die Wilhelma, größter zoologisch-botanischer Garten Europas. Hier der Sackbahnhof, auf dem sich ein Mercedes-Stern als das wirtschaftliche Wahrzeichen des gesamten Bundeslandes dreht, dort der Feuersee mit der Johanneskirche.

Alles zu sehen vom Stuttgarter Fernsehturm. 217 Meter ragt er in den Himmel: als erster Fernsehturm der Welt, Ur-Modell aller moderner

Wie eine Nadel ragt der Stuttgarter Fernsehturm aus dem Degerlocher Wald.

NECKARLAND – SCHWABEN

Fernsehtürme – und Wahrzeichen der Baden-Württembergischen Landeshauptstadt.

Die Haupt-stadt Ba-den-Württembergs ist eng bebaut.

Der Clou des ingesamt 3000 Tonnen schweren Fernsehturms: Die technische Anlage trägt einen Korb, der ein Restaurant, ein Café und eine Aussichtsplattform enthält. Auf der stehen die Biker, 150 Meter über dem Boden, ein Lift hat sie in 44 Sekunden in diese Höhe katapultiert. Die Sonne steht über dem Stuttgarter Flughafen, deutlich sind im Süden die Schwäbische Alb und Höhenzüge des Schwarzwalds zu erkennen.

Auf der anderen Seite: **Stuttgart**. Rechts öffnet sich das Neckartal wie ein Trichter; der Fluss, eingebettet in Beton, wird flankiert von Hafen und Industrie. Einen langen Schatten wirft der Fernsehturm in den Wald und zeigt direkt auf die Innenstadt.

Jeden Sonntag finden sich am Glemseck Hunderte von Bikern ein.

Auf 20 734 Hektar erstreckt sich **Stuttgart**, 20 Kilometer dehnt es sich aus von Nord nach Süd wie von Ost nach West. Der tiefste Punkt liegt bei 207 Metern über Normalnull. An 1693 Stunden lacht hier die Sonne und erwärmt die Luft im jährlichen Mittel auf 9,4 °C. Und 19 Mineralquellen sprudeln hier – damit ist **Stuttgart** nach Budapest die Stadt mit dem meisten Mineralwasser in Europa.

Die Vorzüge ihrer Stadt wissen die rund 588 000 Einwohner (Stand: September 2001) wohl zu nutzen. Ein Bummel durchs Zentrum macht die friedlich-freundliche Atmosphäre dieser weltoffenen Metropole spürbar. Auf der Königstraße, der 1,1 km langen Einkaufsmeile, dem Schlossplatz und im Schlosspark mit seinem Biergarten genießen Menschen die Stimmung, kaufen ein, sitzen in Straßencafés oder liegen entspannt im Gras.

Sehenswürdigkeiten reihen sich aneinander: Stiftskirche, Schillerdenkmal, Altes und Neues Schloss, Landtag, Staats-

Straßen-gewirr bei Stuttgart

theater und Planetarium. Kulturinteressierte wandeln in der Staatsgalerie, besuchen die Landesbibliothek, das Haupt-staatsarchiv oder die Stadtbücherei. Wahrlich: In **Stuttgart**, wegen ihrer Kessellage und der hindurchlaufenden Bundes-straßen 10, 14 und 27 häufig verschmähte deutsche Groß-stadt, lässt es sich doch ganz prima leben.

Außerdem ist es kein Problem, sich mit dem Motorrad zu-recht zu finden. Etwa, um am Sonntagvormittag den Treff-punkt am **Glemseck** zwischen **Stuttgart** und **Leonberg** anzusteuern. Das Besondere daran ist neben den unzähligen Maschinen und ihren Fahrern die Anreise: Sie führt über die so genannte Solitude, eine Rennstrecke längst vergangener Tage. Seinen Charme freilich hat dieser kurvenreiche Rund-kurs nie verloren.

Die Geschichte der klassischen Solitude-Rennen reicht von 1903 bis 1965. Ihren Namen hat die Strecke, auf der

Auto- und Motorradrennen stattfanden, von dem Lustschloss Solitude, das Landesfürst Carl-Eugen 1764 bis 1769 in der Nähe errichten ließ. Die Legende des Motorsports auf der kurvenreichen Berg- und Talrunde zwischen **Glemseck** und Frauenkreuz, Schattengrund und Mahdental lebt weiter.

Diese Vermutung jedenfalls zwingt sich dem Biker auf der Solitude sonntags bis 14 Uhr geradezu auf: Dann röhren die Maschinen. Motorräder aller Marken stehen vor dem Hotel-Restaurant Glemseck, bei schönem Wetter bis hinauf in die Hedersbachkurve. Lässig lehnen die Fahrer an der Leitplanke vor dem Biergarten, essen eine Rote Wurst oder trinken einen sauren Sprudel, flanieren um Maschinen herum, fachsimpeln, die Hände in den Lederhosentaschen vergraben. Immer wieder reißt einer das Gas auf, zieht hinauf in die Kurve, um erneut eine Runde zu drehen auf den Spuren großer Rennfahrer. Heute weitgehend auf 60 km/h begrenzt.

Wem das zu viel ist, der biegt mittendrin ab: Kurz vor dem Steinbachsee geht es rechts in eine Sackgasse, die auf einen Parkplatz mündet: nur wenige Schritte zum Katzenbacher Hof. Hier gibt es leckeren Kartoffelsalat und Maultaschen. Vor allem aber herrscht an dieser anno 1896 als Bauernhof errichteten Gaststätte mit Biergarten viel Ruhe. Und die hat sich der Biker nach seinem Stuttgartbesuch auch verdient.

Nr.	Straße km	Position	Richtung	Information		
8	L 1189 / 1 km	Katzenbacher Hof	Stuttgart	Serpentinen	❀ ✳	L 1189 / 1 km
7	L 1189 / 2 km	Abzweig	Katzenbacher Hof	Sackgasse folgen	☒ Ⓐ	L 1189 / 2 km
6	L 1188 / 3 km	Glemseck	Böblingen	ehemalige Rennstrecke	☒ ▣ ✳	L 1188 / 3 km
5	L 1187 / 5 km	Solitude	Leonberg	ehemalige Rennstrecke	✳	L 1187 / 5 km
4	L 1187 / 2 km	Kreisverkehr Schattenring	Magstadt	kurvige Strecke	✳	L 1187 / 2 km
3	B 14 / 7 km	Charlottenplatz	Böblingen	Tunnel, kurvige Straße	✳	B 14 / 7 km
2	– / 1 km	Kreuzung	Fernsehturm	Parkplatz ausgeschildert	🅿	– / 1 km
1	B 27 / 4 km	Charlottenplatz	Tübingen/ Degerloch	kurvige Straße	🆃 ✳	B 27 / 4 km

Dieses Roadbook zum Heraustrennen im Anhang

INFORMATION

• **Stuttgart**
Touristinformation Stuttgart
Königstraße 1a
(gegenüber Hauptbahnhof)
70173 Stuttgart
Tel. 0711/22 28-240
Fax 0711/22 28-253
Internet www.stuttgart.de

Verwaltung Fernsehturm
Jahnstraße 120
70597 Stuttgart-Degerloch
Tel. 0711/2 49 96 00

 **UNTERKUNFT**

• **Stuttgart**
Hotelzimmervermittlung Stuttgart
Tel. 0711/22 28-233
Fax 0711/22 28-251
Internet www.stuttgart-tourist.de

 **ESSEN & TRINKEN**

• **Stuttgart**
Webers Gourmet im Turm
Jahnstraße 120
70597 Stuttgart-Degerloch
Tel. 0711/24 89 96-10
E-Mail
mail@webers-gourmet-im-turm.de

Panorama-Café im Turm
Jahnstr. 120
70597 Stuttgart-Degerloch
Tel. 0711/24 89 96-20

Bar Ristorante Primafila
Biergarten am Fuß des Turms
Jahnstr. 120
70597 Stuttgart-Degerloch
Tel. 0711/2 36 31 55

Katzenbacher Hof
Fam. Unterkoffler
70569 Stuttgart-Büsnau
E-Mail kontakt@katzenbacherHof.de
Internet www.katzenbacherhof.de

• **Leonberg**
Hotel-Restaurant Glemseck
Glemseck
71229 Leonberg
Tel. 07152/4 31 34
Fax 07152/7 15 76

 MOTORRADFAHREN

Die Strecke ist natürlich in der Stadt nicht
sehr ergiebig um seine Maschine auszufahren. Auf der Rennstrecke Solitude indes
erlebt der Biker – zumindest ansatzweise –
das Gefühl, das schon Rennfahrer auf diesem Rundkurs gespürt haben müssen.

Im Ländle wächst alles in üppiger Größe, auch der Kürbis.

Puls
des Lebens

Hinter Stuttgart dient der Neckar in erster Linie Frachtschiffen als Verkehrsweg. Aber auch Biker wissen seinen Flusslauf als Erholungsstrecke zu schätzen und schwingen in sanften Kurven durch Weinberge, schöne Städte und zum Schweinemuseum.

Leise vereinigt sich der **Neckar** mit einem seiner Nebenflüsse: Bei **Remseck-Neckarrems** steigen Nebel auf, dort, wo die 80 Kilometer lange **Rems** endet. Schwäne ziehen ihren Weg, Stille liegt über der Mündung. Den knapp 200 Kilometern, die der **Neckar** nördlich von Stuttgart bis Mannheim zurücklegt, wollen die Biker folgen.

Der Fluss ist breit hier, Schiffe dieseln in beide Richtungen. In Schleusen wie der bei Poppenweiler überwinden Frachter die Staustufen. Die Straße führt langgestreckt am Wasser entlang. Oben ragt **Hochberg** auf, am steilen Hang darunter reift Wein.

Wer nicht mit dem Motorrad dem Neckar folgt, lässt sich auf einem Dampfer verwöhnen.

NECKARLAND-SCHWABEN

Kurz darauf weisen Schilder nach **Marbach am Neckar**. Die anno 972 gegründete Stadt ist bekannt durch Friedrich Schiller, dabei lebte der große deutsche Dichter nach seiner Geburt am 10. November 1759 nur knapp fünf Jahre hier. Sein Geburtshaus steht Besuchern offen: In der Niklastorstraße 31 ist Johann Christoph Friedrich Schillers Taufhäubchen zu sehen, seine französische Taschenuhr, Holzleuchter aus dem Wohnhaus, seine Tabaksdose und sogar Schachfiguren. Und kleinbürgerliche Enge.

Weitblick beweist das Fachwerkstädtchen mit seinem Kern und der Alexanderkirche vor allem im Schiller-Nationalmuseum und dem 1955 gegründeten Deutschen Literaturarchiv. Es sammelt, bewahrt und erschließt deutschsprachige Literatur von der Aufklärung bis zur Gegenwart – ein Schatz hiesiger Kultur.

Ausblick auf der Burgenstraße zwischen Bad Wimpfen und Eberbach.

Im Neckartal begeistert die Strecke die Biker. Orte wie **Besigheim**, inmitten von Weinbergen, machen die Fahrt mit ihren sanften Kurven zu einer Bilderbuch-Tour. Hier muss der Neckar allerdings ertragen, dass sein Wasser auch Atommeiler kühlt. Höhepunkte der Industrialisierung finden sich bei Heilbronn: Der Neckar – Verkehrsweg und Wasserlieferant zwischen Stahl und Beton. Kein Platz für Romantik.

Anders in **Bad Wimpfen**: Schon den alten Kelten gefiel um 450 v. Ch. die Gegend. Die Römer errichteten um das Jahr 85 gegenüber der Mündung der 202 Kilometer langen Jagst ein Kastell, passend zum Obergermanischen Limes – wohl die Geburtsstunde des Ortes. Anno 1182 wurde **Bad Wimpfen** zur größten staufischen Kaiserpfalz nördlich der Alpen. Das Steinhaus, Deutschlands größtes romanisches

Bad Wimpfen erstrahlt mit wunderschönen Fachwerkhäusern.

Wohnhaus, entstanden um 1200, beherbergt heute das Historische Museum.

Und was verheißt das Schild dort? »Einziges Schweine-Museum der Welt.« Knapp 10 000 Gegenstände hat die Stuttgarter Sammlerin Erika Wilhelmer im Kronengässchen 2 zusammengetragen: »Ein Fachwerkhaus voller Schweine-reien«, lacht sie: »Neu ist meine Galerie ›Schwein in der Kunst‹.«

Nach so viel Schweinekram geben die Biker wieder Gas. Weiter geht es am rechten Neckarufer, hier Teilabschnitt der Burgenstraße. Gesäumt vom **Odenwald** liegt der Fluss träge in seinem Bett. Beiderseits blitzt uraltes Gemäuer auf – Ruine Ehrenberg und Schloss Guttenberg, Schloss Horneck und Burg Hornberg, Burg Zwingenberg und Ruine Stolzen-eck lassen fast glauben, eher am Rhein denn am **Neckar** zu fahren.

Kurz hinter Eberbach grüßt ein Schild »Willkommen in Hessen« – der Neckar als Grenze. Das Ländle jedoch soll es bleiben. Nichts wie rüber: Vom hessischen **Neckarhausen** pendelt eine Fähre ins baden-württembergische **Neckar-häuserhof**. Für ein paar Münzen ist das rettende Ufer erreicht. Von hier aus geht es gen **Heidelberg**. Kurz hinter **Mückenloch** eröffnet ein Panorama, wie tief sich der **Neckar** in den **Odenwald** gegraben hat.

Es ist Mittag, der Magen grummelt. Zum Glück offeriert **Neckargemünd** Restaurants mit Blick aufs Wasser. Die Stärkung auf dem Balkon der griechischen Weinstube »Stadt Athen« tut gut, die kühle Brise erfrischt, der Blick auf die Ausflugsdampfer macht Spaß.

Entspannt fahren die Biker nach **Heidelberg**. Ziel ist das Schloss. Zu Fuß müssen sie die letzten steilen Winkel erklimmen. Dann stehen sie in den Mauern, die 1225 zum ersten Mal urkundlich erwähnt sind. Die Kurfürsten haben die Burg erweitert, 1689 und 1693 jedoch hat Ludwig XIV. die Anlage in seinen Eroberungskriegen verwüstet. 1764 schließlich hat ein Blitz das wieder errichtete Gebäude zerstört – seitdem ist das Heidelberger Schloss eine Ruine. Kurz schlendern die Biker durch die Altstadt Heidelbergs, die sich fest in Touristenhand befindet: vor allem Amerikaner (eine Kamera vorm

Dieser Kahn dient nicht mehr seiner ursprünglichen Aufgabe.

Ein Blitz hat das Heidelberger Schloss endgültig zur Ruine geschlagen.

Bauch) und Japaner (drei Kameras) inmitten ungezählter Studenten (keine Kamera).

Der **Neckar** tritt hier aus dem **Odenwald** aus in die Rheinebene. Am Horizont zeichnet sich **Mannheim** ab: Dort mündet der Fluss in den **Rhein**. Die Sonne steht tief am Himmel als die Motorräder bis **Neckarhausen** fahren. Hier kündigt ein Schild die Fähre nach **Ladenburg** an. Hinüber in diese 1900 Jahre alte Stadt, für 12 000 Einwohner ein Kleinod: Das von einer Mauer umzogene Fachwerk garnieren römische Gemäuer.

Hier findet der Besucher ein Museum, dem Autopionier Dr. Carl Benz zu Ehren: Es erzählt die Geschichte der Mobilität, die zum Großteil auf den gebürtigen Karlsruher zurückgeht. Schließlich hat er 1886 in Mannheim seinen Motorwagen gebaut. In **Ladenburg** lebte er von 1905 bis zu seinem Tod am 4. April 1929 am heutigen Carl-Benz-Platz.

Dass **Ladenburg** lebens- wie liebenswert ist, merken die Biker in einem Eiscafé, wenn sie unter Bäumen sitzen und die Tour Revue passieren lassen. Nun noch ein Stück bis **Mannheim**, zweitgrößte Stadt Baden-Württembergs mit ihrem zentralen Straßennetz, aufgebaut wie ein Schachbrett. Mächtig fließt der **Neckar** seinem Ende entgegen – jenes Rinnsal, das sich in **Schwenningen** auf den Weg machte.

Nr.	Straße km	Position	Richtung	Information	
17	L 597 2 km	Ladenburg	Zentrum	Ortsdurchfahrt	L 597 2 km
16	Fähre	Neckarhausen	Ladenburg	Fähre	Fähre
15	L 637 8 km	Wieblingen	Edingen-Neckarhausen	Ortsdurchfahrt zur Fähre	L 637 8 km
14	L 637 5 km	Heidelberg	Wieblingen	Ortsdurchfahrt, Mannheimer Straße	L 637 5 km
13	B 37 14 km	Neckargemünd	Heidelberg	Ortsdurchfahrt, parallel zum Fluss	B 37 14 km
12	K 4200 2 km	Mückenloch	Neckargemünd	Fahrt durch Wald, kurvig	K 4200 2 km
11	K 4102 3 km	Neckarhäuserhof	Mückenloch, später Heidelberg	kleine Straße durch Wald	K 4102 3 km
10	- 1 km	Neckarhausen	Neckarhäuserhof	Fähre	- 1 km
9	B 37 35 km	Mosbacher Kreuz	Heidelberg	landschaftlich schöne Strecke	B 37 35 km
8	B 27 16 km	Bad Wimpfen	Heidelberg	Burgenstraße	B 27 16 km
7	B 27 32 km	Bietigheim	Heilbronn, später Bad Wimpfen	Uferstraße	B 27 32 km
6	L 1125 6 km	Pleidelsheim	Bietigheim	idyllische Straße, am Ende Gewerbegebiet	L 1125 6 km
5	L 1129 4 km	Freiberg	Mundelsheim	kurvige Strecke	L 1129 4 km
4	L 1138 1 km	Kreuzung	Freiberg	kurvige Strecke	L 1138 1 km
3	L 1100 1 km	Marbach	Bietigheim	schöne, gemütliche Strecke	L 1100 1 km
2	L 1100 1 km	Marbach	Marbach	zweite Einfahrt, Schillerhaus folgen	L 1100 1 km
1	L 1100 13 km	Neckarrems	Ludwigsburg/ Marbach	parallel zum Neckar	L 1100 13 km

Dieses Roadbook zum Heraustrennen im Anhang

NECKARLAND-SCHWABEN

 INFORMATION

• **Marbach**
Stadtinformation Marbach
Marktstraße 23
71666 Marbach am Neckar
Tel. 07144/102-0
Fax 07144/102-300
Internet www.schillerstadt-marbach.de

• **Bad Wimpfen**
Tourist-Information
Bad Wimpfen
Gästezentrum Alter Bahnhof
74206 Bad Wimpfen
Tel. 07063/97 20-0
Fax 07063/97 20-20
Internet www.badwimpfen.de

• **Heidelberg**
Tourist Information
am Hauptbahnhof
69115 Heidelberg
Tel. 06221/1 94 33
Fax 062 21/1 38 81 11
Internet www.heidelberg.de

• **Ladenburg**
Stadtinformation Ladenburg
Dr.-Carl-Benz-Platz 1
68526 Ladenburg
Tel. 06203/92 26 03
Internet www.ladenburg.de

UNTERKUNFT

• **Ladenburg**
Hotel im Lustgarten
Kirchenstraße 6
68526 Ladenburg
Tel. 06203/9 51 60
Fax 06203/95 16 36

ESSEN & TRINKEN

• **Neckargemünd**
Griechische Weinstube
»Stadt Athen«
Neckarstraße 38
69151 Neckargemünd
Tel. 06223/22 85
Fax 06223/7 12 30

MOTORRADFAHREN

Diese Tour am Neckar ist fahrerisch interessant, weil sie auch über zügige Passagen verfügt. Obendrein bietet sie das Erlebnis wunderbarer Natur. Die Straßen sind weitgehend frei, von den Ballungsräumen einmal abgesehen.

VERANSTALTUNGEN

Viele der in der Geschichte beschriebenen Städte feiern im Sommer Stadt- und im Herbst Weinfeste.

SEHENSWERT

• **Geburtshaus Friedrich Schillers**
Niklastorstraße 31
71672 Marbach am Neckar
Tel. 07144/1 75 67

• **Schiller-Nationalmuseum**
Schillerhöhe 8–10
71672 Marbach am Neckar
Tel. 07144/848-601
Fax 07144/848-690
Internet www.dla-marbach.de

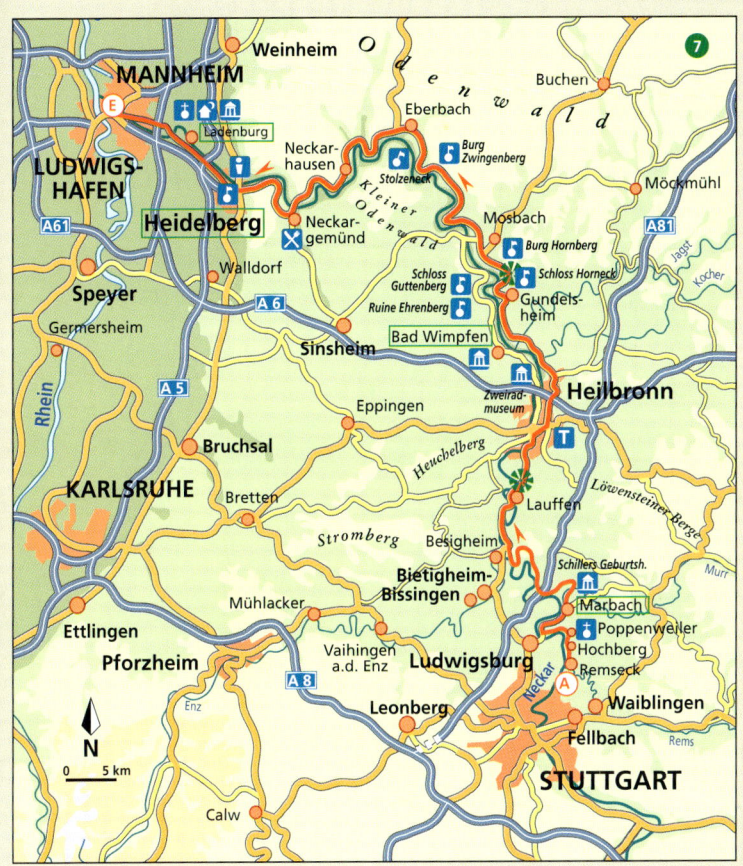

- **Deutsches Literaturarchiv**
Postfach 1162
71666 Marbach am Neckar
Tel. 07144/848-0
Fax 07144/848-299
Internet www.dla-marbach.de

- **Schweine-Museum**
Kronengässchen 2
74206 Bad Wimpfen
Tel. 07063/66 89
Internet www.schweinemuseum.de

- **Heidelberger Schloss**

- **Dr.-Carl-Benz-Museum**
Am Sägewerk 6–8
Industriegebiet
68526 Ladenburg

Zwischen Wein und Wald

Wir wandeln auf den Spuren Gottlieb Daimlers und freuen uns als Biker über die geleistete Pionierarbeit. Außerdem ist die Gegend hier eine der fruchtbarsten in Schwaben und könnte glatt einem Bilderbuch entsprungen sein.

Sieht aus wie ein Gewächshaus: Hier im Kurpark von **Bad Cannstatt** haben Gottlieb Daimler und Wilhelm Maybach 1882 experimentiert. Fünf Jahre lang werkelten die zwei Schwaben an jenem Motor herum, den Nikolaus Otto 1876 in Deutz erfunden hatte. Schon 1883 entwickelten die beiden Tüftler den ersten schnelllaufenden Verbrennungsmotor, und 1885 fuhren sie das erste Mal im Reitwagen durch Bad Cannstatt. Ein Jahr später gab es die erste Motorkutsche: 1,1 PS Leistung entfesselte der einzylindrige Motor aus seinen 462 cm³ Hubraum bei 700 U/min.

Strümpfelbach ist eine Augenweide auf der Tour durch das Remstal.

NECKARLAND – SCHWABEN

79

Immerhin erreichte die Pferdekutsche ohne Deichsel ein Tempo von 16 km/h.

Vor einem Modell einer solchen Kutsche im Maßstab 1:3 stehen die Biker, wohl wissend, dass auch ihre Maschinen auf die Pionierarbeit in genau diesem Laboratorium zurückgehen. Bilder und Tafeln erklären, wie die weltverändernde Erfindung des Automobils auf den Weg gebracht wurde: von **Bad Cannstatt** bis in den hintersten Winkel des Globus.

Der Kurort, berühmt für sein Mineralwasser, ist Startpunkt für eine reizvolle Tour. Rauf aufs Motorrad, den Berg hinauf nach **Fellbach**. Oldtimerfans riskieren einen Abstecher ins Classic Center, ein Museum der Automobilgeschichte von Daimler und Benz.

Noch folgen die Biker der B 14 und dann der B 29 gen **Schorndorf**. Bis zur Ausfahrt **Weinstadt-Strümpfelbach**: Von hier aus ist die Straße ein Genuss dank reichlicher Kurven und herrlicher Blicke, vor allem auf die Weinberge. Hier wachsen Riesling und der Trollinger, jener Tropfen, der so charakteristisch ist für das Remstal.

Ein Schatzkästlein ist das 2500 Einwohner zählende **Strümpfelbach**, das sich in 296 Metern Seehöhe in dichte, den Ort überragenden Weinberge einfügt. 50 restaurierte Fachwerkhäuser aus dem 16. und 17. Jahrhundert schmiegen sich aneinander. Das Rathaus anno 1591 ragt mitten hinein in den Kern, und die Hauptstraße schlängelt sich um den Bau mit seinem Bogendurchgang und dem Brunnen herum.

Auch von oben ist **Strümpfelbach** schön anzuschauen, wenn die Biker sich über Kurven den Weinberg hinauftragen lassen. Nur die Straße ist schmal, bis an ihren Rand saugt Wein die Sonne auf. Auf dem Weg nach **Schanbach** spenden dichte Bäume Schatten. Vorbei geht's am Naturfreundehaus, zu dem sich ein Abstecher lohnt um den Hunger zu stillen: Dazu kommt der schöne Blick von der Terrasse. In Richtung **Aichelberg** verlangt die Aussicht von der lichten Höhe auf den sich lang erstreckenden **Schurwald** nach einem kurzen Stopp. Schauen, durchatmen und genießen.

Steil geht es hinunter nach **Weinstadt-Beutelsbach**, die ausladenden Kehren lassen die Fußrasten kratzen. Dann fix

Zur Hocketse treffen sich die Bürger von Schorndorf auf ihrem Marktplatz.

Auf Märkten finden sich immer wieder Dinge längst überholter Fertigkeit.

hinüber nach **Schnait** und links ab Richtung **Manolzweiler**, hinauf in die Weinberge. Hier sind die Kurven enger, der Fahrer meint, in voller Schräglage eine Traube pflücken zu können, so dicht stehen die Rebstöcke an der Straße.

Von **Manolzweiler**, einem nur wenige Häuser zählenden Ort auf der Höhe, führt die Straße die Biker bergab nach **Winterbach**. Erneut gieren starke Kurven nach Aufmerksamkeit. Im Tal geht es hurtig über die B 29 hinweg – und gleich wieder bergauf. Zunächst windet sich die Strecke durch Felder, Weinberge und kleine Orte. Dann führt sie durch Ausläufer des Welzheimer Waldes: Weiden und Wiesen, umsäumt von dichtem Forst. Hier, wo die nächste Ortschaft **Oppelsbohm** heißt, herrscht schwäbische Idylle.

Über steile Kehren und weite Kurven verläuft die Tour über **Schornbach** nach Schorndorf. Dass sie ausgerechnet in diese 1235 erstmals urkundlich erwähnte Stadt führt, ist kein Zufall: Hier wurde am 17. März 1834 Gottlieb Daimler geboren. In der Höllgasse 7 steht sein Geburtshaus. Die Räume sind weitgehend so aufgeteilt wie früher. Eine Ausstellung zu Leben und Werk Daimlers ist zu dessen 100. Todestag am 6. März 2000 erneuert worden. Zu Gottlieb Daimlers Ehren findet sich in **Schorndorf** auch ein Denkmal: Bildhauer Fritz von Graevenitz schuf es zu dessen 50. Todestag am 6. März 1950.

Die Skulptur steht mitten im Zentrum, dort, wo prächtiges Fachwerk den Marktplatz umrahmt. Im öffentlichen Leben der 24 300 Einwohner von Schorndorf spielt der Platz mit seinem schönen Brunnen eine wichtige Rolle. Hier treffen sie sich zum Wochenmarkt oder bei Festen. Da lohnt es sich abzusteigen und ein wenig mitzufeiern.

Die Straßen durch die Weinberge laden mit ihren Kurven zur rasanten Fahrt ein.

Nr.	Straße km	Position	Richtung	Information	
13	K 1916 8 km	Oppelsbohm	Schorndorf	langgestreckte Kurven	K 1916 8 km
12	K 1915 2 km	Berglen	Oppelsbohm	Waldstrecke	K 1915 2 km
11	L 1140 8 km	Winterbach	Berglen	Kurvige Strecke	L 1140 8 km
10	L 1150 6 km	Manolzweiler	Winterbach	Serpentinen	L 1150 6 km
9	K 1865 6 km	Schnait	Manolzweiler	Serpentinen	K 1865 6 km
8	K 1862 1 km	Beutelsbach	Schnait	Weinberge	K 1862 1 km
7	K 1864 7 km	Schanbach	Beutelsbach	bergab, scharfe Kurven	K 1864 7 km
6	K 1864 1 km	Strecke	Naturfreundehaus	bergauf, Kurven	K 1864 1 km
5	K 1212 5 km	Strümpfelbach	Schanbach	viele Kurven	K 1212 5 km
4	K 1212 5 km	Abfahrt	Strümpfelbach	kurvige Strecke	K 1212 5 km
3	B 14/B29 3 km	Fellbach	Schorndorf	wie Autobahn bis Abfahrt Strümpfelbach	B 14/B29 3 km
2	– 3 km	Tunnel	Fellbach	Stadt	3 km
1	– 0 km	Daimler-Gedächtnisstätte	Fellbach	Wohngebiet	0 km

Dieses Roadbook zum Heraustrennen im Anhang

 **INFORMATION**

• **Schorndorf**
Fremdenverkehrsbüro Schorndorf
Marktplatz 1, 73614 Schorndorf
Tel. 07181/602-0, Fax 07181/602-190
Internet www.schorndorf.de

 UNTERKUNFT

• **Stuttgart**
Campingplatz Cannstatter Wasen
Mercedesstraße 40, 70327 Stuttgart
Tel. 0711/55 66 96, Fax 0711/55 74 54

• **Schorndorf**
Hotel Baur garni, Winterbacher Straße 52
73614 Schorndorf-Weiler
Tel. 07181/70 93-0, Fax 07181/70 93-99

ESSEN & TRINKEN

• **Schorndorf**
Becka-Kurze, Schwäbische Spezialitäten
Hetzelgasse 26, 73614 Schorndorf
Tel. 07181/6 58 23, Fax 07181/25 46 66

 MOTORRADFAHREN

Die Strecke führt durch Weinberge, Wälder
und nette Orte. Kehren und Kurven verlangen nach Aufmerksamkeit und machen viel
Spaß.

SEHENSWERT

• **Gottlieb-Daimler-Gedächtnisstätte**
Taubenheimstraße 13
70372 Stuttgart-Bad Cannstatt
Tel. 0711/56 93 99
Fax 0711/17 51 73

• **Classic Center**
Stuttgarter Straße 90, 70736 Fellbach
Tel. 0711/17-8 34 53

• **Daimler Museum**
Höllgasse 7, 73614 Schorndorf
Tel. 07181/7 663 2 oder 0711/17-2 63 80
Öffnungszeiten: September–Mai dienstags
14.00–16.30 Uhr, Juni–August auch don-
nerstags zur selben Zeit.

• **Daimler-Geburtshaus**
Höllgasse 7
73614 Schorndorf

Ein Denkmal in den Weinbergen weist wichtige Jahreszahlen aus.

REBFLUR-
BEREINIGUNG
SCHNAIT
1990–1992

Von Burg zu Burg

Zwei markante Punkte im Ländle sind der Hohenzollern und der Hohentwiel. Die darauf thronende Burg wird mit der Ruine über eine Strecke voller Überraschungen verbunden.

Stolz ragen ihre Türme auf, gründlich durchkämmen ihre Zinnen den Wind: **Burg Hohenzollern**. Unübersehbar steht sie auf der Kuppe zwischen **Hechingen** und **Bisingen**, unserem Startpunkt.

1061 ist das Haus Hohenzollern zum ersten Mal geschichtlich erwähnt. Die Burg entstammt der ersten Hälfte des 11. Jahrhunderts. Quellen nennen sie »Krone aller Burgen in Schwaben« und »das vesteste Haus in teutschen Landen«. 1423 wurde sie völlig zerstört und ab 1454 die zweite Burg Hohenzollern erbaut. Für den Dreißigjährigen Krieg erfuhr sie einen Ausbau zur Festung, danach wechselten die Be-

Burg Hohenzollern weist den Bikern schon von weitem den Weg.

SCHWÄBISCHE ALB

Vor dieser Kulisse lässt es sich gut zur Tour über die Schwäbische Alb starten.

sitzer – Anfang des 19. Jahrhunderts war der einstige Stolz Schwabens nur noch eine Ruine.

Bis 1819 Kronprinz Friedrich Wilhelm von Preußen beschloss, die Stammburg des Hauses Hohenzollern wieder zu errichten. 1844, als König Friedrich Wilhelm IV., schrieb er. »Die Erinnerung vom J. 19 ist mir ungemein lieblich ... Nun ist ein Jugendtraum-Wunsch, den Hohenzollern wieder bewohnbar gemacht zu sehen, ...« Von 1850 bis 1867 schuf er eine der imposantesten Burgen Deutschlands – Meisterwerk der Kriegsbaukunst des 19. Jahrhunderts. Eingeweiht hat sie König Wilhelm I., später Kaiser Wilhelm I., am 3. Oktober 1867.

Ihre Lage, 855 Meter über dem Meer und 350 Meter über dem Tal, verleiht der Burg ihre Schönheit. Die Schatzkammer,

angelegt in den 50er-Jahren von Kaiserenkel Prinz Louis Ferdinand, birgt die preußische Königskrone, neu angefertigt von Wilhelm II. anno 1889, und drei Tabaksdosen von Friedrich dem Großen. Ab 1952 stand der Sarg Friedrichs des Großen wie der seines Vaters, Königs Friedrich Wilhelm I., in der Christuskapelle der Burg. Nach der deutschen Einheit 1991 wurden beide nach Potsdam überführt – dem Testament Friedrichs des Großen gehorchend.

Fest sitzen die Biker im Sattel. In Kurven schraubt sich die Hohenzollernstraße über die bewaldete Zollernalb. **Onstmettingen** und **Hausen** heißen die Dörfer, **Bitz** und **Winterlingen**. Kurven führen nach **Stetten am kalten Markt**: Der kleine Ort verdankt seinen Namen auch dem kühlen Klima, das hier herrscht.

Eine Werbe-figur an der oberen Donau grüßt Besucher.

Wärmer wird es gen Süden, dem Natur-park **Obere Donau** entgegen. Unter über-hängenden Felsen schlängelt sich die Straße durch einen von Lichtspiel verzau-berten Wald – bis Europas zweitgrößter Strom die Weiterfahrt stoppt. Rechts ab, vorbei an Klippen, welche die **Donau** bei ihrer Jahrtausende währenden Erosionsar-beit durch den südwestlichen Schwäbi-schen Jura hat stehenlassen. Unschuldig plätschert der Fluss, Kanuten erfreuen sich am tief eingeschnittenen Tal.

Beliebtes Ziel ist Kloster Beuron, 1077 als Augustiner Chorherrenstift gegründet, seit 1863 als Benediktinerkloster wieder besiedelt. Dank ihrer Kunstwerke und Ur-kunden ist die Erzabtei St. Martin eines der wichtigsten Denkmale im Südwesten Deutschlands.

Danach steuern die Biker Serpentinen hinauf in Richtung **Fridingen**. Oben ein Halt am Knopfmacherfelsen – kleine Erfrischung und großer Ausblick: Hier liegt ihnen die glasklare Obere Donau zu Fü-ßen, freie Sicht bis Kloster Beuron in der Tiefe.

Weiter geht es vorbei an der Donauversickerung. Links lädt Freilichtmuseum **Neuhausen ob Eck** ein. Die liebevoll restaurierten Fachwerkhäuser und die Museumsgaststätte »Ochsen« sind einen Besuch wert.

Nach **Singen** weist ein Schild in **Aach**, wo gleichnamiger Fluss aus Deutschlands größter Quelle entströmt. Die **Aach** schlängelt sich 14 Kilometer durch Wiesen des Hegau, um sich in den Bodensee zu ergießen – in Sichtweite des **Ho-hentwiel**. Seit 1941 besteht um den Berg ein Naturschutz-gebiet. Auf seiner Kuppe in 686 Meter Seehöhe befindet sich eine mehr als neun Hektar große Festungsruine. Ihre Ge-schichte beginnt anno 914, als Adelige ein Verteidigungs-werk errichteten. Seither war die Burg schwäbische Her-zogsresidenz, Zähringer-Sitz und württembergische Insel in vorderösterreichischem Gebiet.

Den Bikern gefällt der Blick auf die Stadt **Singen** und auf den Nachbarberg Hohenkrähen. Die Berge sind Vulkanschlote. Die bilden sich, wenn Magma aus dem Erdinneren drückt, aber nicht ausbricht, sondern nur erkaltet. Während der Eiszeiten hielten die Kuppen den Gletschern stand, weicheres Gestein und Erde wurden abgetragen.

Auf der Höhe erneuert sich für die Biker der magische Eindruck, welche die markanten Stellen dieser Tour von Burg zu Burg abgeben.

Von den hohen Punkten der Tour aus kann der Blick weit schweifen.

Nr.	Straße km	Position	Richtung	Information		
14	L 18a 14 km	Aach	Singen	langgestreckte Kurven	✿ ✱	L 18a 14 km
13	B 31 18 km	Stockach	Eigeltingen	langgestreckte Kurven	✿ ✱	B 31 18 km
12	L 440 5 km	Neuhausen ob Eck	Freilichtmuseum	Waldstrecke	🏛 ✕ 🅰	L 440 5 km
11	L 277 6 km	Kreuzung	Bodensee	kurvige Strecke	✱	L 277 6 km
10	L 277 5 km	Beuron	Fridingen	Serpentinen, Knopfmacherfelsen	🅰 ✱	L 277 5 km
9	L 277 17 km	Thiergarten	Beuron	entlang der Donau	🅰 ℹ ✱	L 277 17 km
8	L 197 6 km	Stetten am k. M	Thiergarten	bergab durch Wald	✱	L 197 6 km
7	L 453 10 km	Straßberg	Stetten am. M.	viele, teils scharfe Kurven	✿ ✱	L 453 10 km
6	B 463 2 km	Winterlingen	Straßberg	kurvige Strecke	✱	B 463 2 km
5	L 449 14 km	Kreuzung	Bitz	viele Kurven	✿ ✱	L 449 14 km
4	L 442 6 km	Hausen	Albstadt	kurvige Strecke	✱	L 442 6 km
3	K 7103 8 km	Onstmettingen	Burladingen-Hausen	Ortsdurchfahrt	✱	K 7103 8 km
2	L 360 5 km	Wessingen	Albstadt	Hohenzollerstraße	✱	L 360 5 km
1	K 7111 3 km	Parkplatz	Wessingen	unterhalb der Burg	ℹ 🅿 ✿	K 7111 3 km

Dieses Roadbook zum Heraustrennen im Anhang

SCHWÄBISCHE ALB

 **INFORMATION**

- **Singen**
Verkehrsamt Singen
Tel. 07731/8 50 62, Fax 07731/8 52 43
E-Mail info@festungsruine-hohentwiel.de

 UNTERKUNFT

- **Engen**
Campingplatz Sonnental, Familie Lang
Doggenhardt 1, 78234 Engen/Hegau
Tel. 07733/75 29, Fax 07733/26 66
Internet www.camping-sonnental.de

- **Singen**
Hotel Widerhold, Rosi Litz
Schaffhauser Straße 58
78224 Singen
Tel. 07731/8 80 70, Fax 07731/88 07 55

 ESSEN & TRINKEN

- **Neuhausen ob Eck**
Museumsgaststätte »Ochsen«
Am Freilichtmuseum
78579 Neuhausen ob Eck
Tel. 07467/12 41
Fax 07467/658

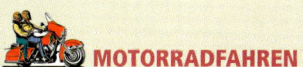

MOTORRADFAHREN

Gasthäuser locken mit ihrer traditionellen Küche.

Die Strecke bietet Kurven, sanft bis zur Serpentine. Sie leitet durch wunderschöne Landschaften der Schwäbischen Alb, durch das Obere Donautal und das Hegau.

SEHENSWERT

• **Burg Hohenzollern**
72379 Burg Hohenzollern
(Gemarkung Bisingen)
Tel. 07471/24 28
Fax 07471/68 12
Internet www.burg-hohenzollern.com oder www.burg-hohenzollern.de oder www.bisingen.de

• **Kloster Beuron**
Erzabtei St. Martin
88631 Beuron
Tel. 07466/17-0
Fax 07466/17-107
Internet www.erzabtei-beuron.de

• **Freilichtmuseum Neuhausen ob Eck**
Postfach 4453
78509 Tuttlingen
Tel. 07461/92 61 42
Fax 07461/92 66 22
Internet www.freilichtumseum-neuhausen.de

• **Ruine Hohentwiel**
Auf dem Hohentwiel 2a
78224 Singen
Tel. 07731/6 91 78
Internet www.festungsruine-hohentwiel.de

Die Augen zum Himmel

Wer von der Stadt des Markgrafen Karl-Wilhelm, von Baden-Durlach, nach Süden tourt, findet die wohl schönsten Plätze, die der Nordschwarzwald zu bieten hat.

Eine Pyramide in Baden-Württemberg? Auf dem Marktplatz von **Karlsruhe**? Wie die Vorbilder in Ägypten ist auch die Pyramide in der badischen Stadt ein Grab. Sie bewahrt die Asche des Markgrafen Karl-Wilhelm von Baden-Durlach auf: Der findet seine letzte Ruhe an jener Stelle, an der er sich am 17. Juni 1715 niederließ, den Schatten genoss – und beschloss, ein Schloss zu errichten. Folgerichtig heißt die Stadt **Karlsruhe**. Weil Karl-Wilhelm an Sonnenstrahlen dachte, zentriert sich der Grundriss seiner Stadt in seinem Schloss.

Trotz aller Schönheit: Den Biker lockt der **Schwarzwald**. Also gen

Pause muss sein, erst recht in so schöner Umgebung wie dem Nordschwarzwald.

Ettlingen, hinein in dunklen Tann. Schmaler wird die Straße, aufwärts geht es. Kurvenräuberei auf der Deutsch-Französischen Touristikroute. Schon fesselt das Auge das Marxzeller Fahrzeugmuseum, gegründet vom privaten Sammler Bernhard Reichert im Juni 1968, mit 200 Motorrädern ab dem Jahr 1898 und 100 Autos. Selbst bezeichnet sich das Haus als das »universellste und reichhaltigste Heimat- und Technikmuseum Deutschlands«.

Auf dem Weg nach **Bad Herrenalb** geht es vorbei an **Frauenalb**, wo sich eine zweitürmige Klosterkirche erhebt. Je weiter die Motorräder nach oben gelangen, desto mehr tritt zu Tage, was am zweiten Weihnachtstag 1999 passierte: Orkan Lothar raste eineinhalb Stunden lang mit solch brachialer Gewalt über den **Schwarzwald**, dass große Teile ihm nicht standhalten konnten. Inzwischen ist der umgedrückte Wald kahl geschlagen. Langholz lagert auf riesigen Stapeln, bewässert gegen Borkenkäfer. Dafür hat Orkan Lothar jede Menge Aussichten geschaffen.

Damit der Borkenkäfer das Holz nicht beschädigt, wird es ständig gewässert.

Lau ist die Luft im Tal der **Murg**. Dessen bewaldete Flanken erheben sich bis auf knapp 1000 Meter. Hierher führt ein Teilstück der Deutschen Alleenstraße. Der Luftkurort **Gernsbach** lädt zur Rast ein: Die historische Altstadt trägt den Beinamen »Perle des Murgtals«. Die Zeugen fast tausendjähriger Geschichte werden gepflegt: Fachwerk mit Blumenkästen, Sonnenuhren, Brunnen und Gassen. Das Alte Rathaus und der Marktplatz mit seinen Straßencafés lassen den Biker den Aufenthalt genießen, ebenso die Stadtmauer. Ein

Gernsbach heißt dank seinem Stadtbild auch »Perle des Murgtals«.

NORDSCHWARZWALD

Von der Schwarz-wald-Hoch-straße aus sind die Ausblicke von über-wältigender Schönheit.

Wahrzeichen ist der Storchenturm, Wehrturm aus dem 13. Jahrhundert. Und immer wieder winzige Geschäfte.

Nun hinauf, an manch malerischem Hof vorbei, gesäumt von dichtem Wald. Kurve an Kurve, Gashand und Schaltfuß haben ordentlich zu tun. Ein Abzweig zeigt rechts den Scherrhof an. Drei Kilometer sind es bis zur zünftigen Rast. Wer's nicht ganz so einsam mag, fährt ein paar hundert Meter weiter gen **Forbach** ins Höhenrestaurant Hohe Lache.

Erst recht aber locken winzige Straßen, die in nicht enden wollender Rechts-Links-Kombination bergauf und bergab fuhren. Seit 1806 leitet die Großherzog Friedrich Louisen-straße von Baden-Baden nach **Forbach**. Dieses Asphaltband klammert sich an den Hang; auf der einen Seite geht es steil hoch, auf der anderen Seite steil hinunter.

Erholsam ist der kurze Abschnitt über die B 462: In **Rau-münzach** geht es rechts ins Gebirge. Nach ein paar hundert Metern haben die Biker die Wahl: rechts an den Schwarz-bach-Stausee oder links durch **Hundsbach**. Beide Strecken enden auf der Schwarzwald-Hochstraße. Die B 500 ist ein Paradies. Die Aussicht bietet tief eingekerbte Täler und aneinandergereihte Höhenzüge. Weit erstreckt sich die Ortenau, geglättet vom **Rhein**. Jenseits des Flusses zeigt sich das **Elsass**. Die Spitzen der Vogesen durchbrechen den Dunstschleier, der über dem Horizont liegt.

Die Tour führt weiter bis nach **Baiersbronn**, 900 Meter über Normalnull. Bis **Freudenstadt** ist es ein Katzensprung. Dieser heilklimatische Kneippkurort zählt 23 500 Einwohner und ist Mittelpunkt der Europäischen Kulturstraße. An die Gründung Freudenstadts anno 1599 durch Herzog Friedrich von Württemberg erinnert das Vermächtnis des Baumeisters Heinrich Schickhardt, der **Freudenstadt** als Planstadt der Renaissance erbaute. Zu Grunde lag ein Plan wie ein Mühlespiel: Arkaden umziehen den riesigen Platz in der Mitte, dessen Ecken Gebäude markieren. Der Marktplatz, 1990 umgestaltet, ist der größte Deutschlands: Er misst 216 mal 219 Meter, sein höchster Punkt liegt bei 732 Metern über Normalnull. Straßencafés und Fußgängerzonen vom Stadtbahnhof bis zum Kurhaus. Ein prima Ort, um alles Revue passieren zu lassen.

Nr.	Straße / km	Position	Richtung	Information	
11	B 462 / 7 km	Baiersbronn	Freudenstadt	kurvige Strecke	B 462 / 7 km
10	L 401 / 16 km	Strecke	Baiersbronn	sehr viele Kurven	L 401 / 16 km
9	B 500 / 15 km	Strecke	Freudenstadt	Schwarzwald-Hochstraße	B 500 / 15 km
8	L 83 / 13 km	Raumünzach	Hundsbach	Stausee oder Wald	L 83 / 13 km
7	B 462 / 6 km	Forbach	Raumünzach	Schwarzwald-Tälerstraße	B 462 / 6 km
6	L 79 / 14 km	Strecke	Forbach	sehr kurvige Strecke	L 79 / 14 km
5	L 78 / 7 km	Gernsbach	Baden-Baden	viele Kurven	L 78 / 7 km
4	L 564 / 13 km	Bad Herrenlab	Gernsbach	kurvige Strecke	L 564 / 13 km
3	L 564 / 8 km	Manzell	Bad Herrenalb	Fahrt durch Wald	L 564 / 8 km
2	B 3/L 564/ L 562 / 8 km	Strecke	Bad Herrenalb	Ausfallstraße	B 3/L 564/L 562 / 8 km
1	L 605 / 6 km	Karlsruhe	Ettlingen	Innenstadt	L 605 / 6 km

Dieses Roadbook zum Heraustrennen im Anhang

ⓘ INFORMATION

- **Karlsruhe**
Verkehrsverein Karlsruhe
Bahnhofsplatz 6
76137 Karlsruhe
Tel. 0721/35 53-0
Fax 0721/35 53-43 99
Internet www.karlsruhe.de

- **Gernsbach**
Information Stadt Gernsbach
Igelbachstraße 11
76593 Gernsbach
Tel. 07224/644-0
Fax 07224/5 09 96
Internet www.gernsbach.de

- **Freudenstadt**
Tourist-Information
Freudenstadt
Marktplatz 64
72250 Freudenstadt
Tel. 07441/86 40
Fax 07441/8 51 76
Internet
www.freudenstadt.de

🏠 UNTERKUNFT

- **Freudenstadt**
Campingplatz Langenwald
Familie Eiermann
Straßburger Straße 167
72250 Freudenstadt
Tel. 07441/28 62
Fax 07441/28 93
Internet
www.camping-langenwald.de
Zimmervermittlung Freudenstadt
in der Tourist-Information.

ESSEN & TRINKEN

- **Baden-Baden**
Gaststätte »Scherrhof«, Stadtwald
76534 Baden-Baden, Tel. 07221/74 17

- **Höhenrestaurant »Hohe Lache«**

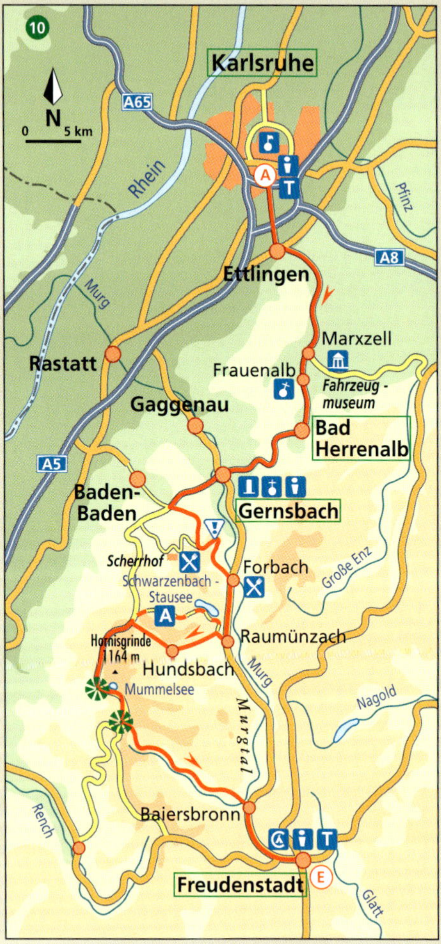

Karlsruhe

A65

N
0   5 km

Rhein

Murg

Ettlingen

A8

Rastatt

Marxzell

Frauenalb

Fahrzeug-museum

Gaggenau

A5

Bad Herrenalb

Baden-Baden

Gernsbach

Scherrhof

Forbach

Schwarzenbach-Stausee

Große Enz

Hornisgrinde
1164 m

Hundsbach

Mummelsee

Raumünzach

Murg

Nagold

Murgtal

Rench

Baiersbronn

Freudenstadt

Glatt

MOTORRADFAHREN

Die Strecke ist ein Paradies für Kurvenjäger und Naturfreunde gleichermaßen. Hier kommt jeder Biker auf seine Kosten. Wegen der vielen Kurven ist aber ein gewisses Maß an fahrerischem Können Voraussetzung.

Das Marxzeller Fahrzeugmuseum stellt auch viele Motorräder aus.

SEHENSWERT

• **Badisches Landesmusem Karlsruhe (Schloss)**
76133 Karlsruhe
Tel. 0721/926-65 14, Fax 0721/926-65 37
E-Mail info@landesmuseum.de

• **Marxzeller Fahrzeugmuseum**
Familie Reichert
Tel. 07248/62 62
Am Wochenende bis 16 Uhr geöffnet.

Im Reich der Elemente

Feuer und Wasser, Erde und Luft – in den Tälern und auf den Bergen des südlichen Schwarzwalds erlebt der aufmerksame Besucher alles, was das Reisen reizvoll macht.

Prost. Mit tiefem Zug leert der Braumeister den Humpen. Das tut er bei Wind und Wetter – als steinerne Figur sitzt er vor der Brauerei in **Alpirsbach**. Mindestens genauso bekannt wie das leckere Gebräu ist das 1095 durch Benediktiner gegründete Kloster. Bis heute dient es religiöser Andacht. Besucher lauschen im Kreuzgang der Stille.

Biker begeben sich in dem 441 Meter hoch gelegenen Ort im oberen **Kinzigtal** auf Tour über die Schwarzwald-Tälerstraße. Kurvig geht es ins **Ellbogental**: Dunkle Wälder krallen sich an schroffe Hänge, faul genießen Rindviecher

*Der Schwarz-
wald lockt
mit Kurven
und ur-
sprünglichen
Häusern.*

SÜDSCHWARZWALD

die letzte Herbstsonne. In **Schiltach** ist das Idyll perfekt: Sauber das Wasser, die erdige Luft klar, alles taucht ein in gleißendes Licht.

Die nächste Stadt ist **Schramberg** an der Deutschen Uhrenstraße. Hinter **St. Georgen** führt sie nach Süden – über Kurven in ein tief eingekerbtes Tal. Sonne fällt im Tagesverlauf nur kurz auf die Straße, deshalb Achtung vor Glätte. Erst hinter **Kaltenbronn** öffnet sich das Tal.

Karger wird das Land, je höher es hinauf geht. Hinter der 910 Meter hohen Wasserscheide zwischen **Rhein** und **Donau** ziehen sich weite Kurven talabwärts, flankiert vom 996 Meter hohen Rupertsberg. **Triberg** ist bald erreicht, die Tou-

Die Hexenlochmühle erzeugt aus Wasserkraft 13 PS.

ristenmetropole des Schwarzwalds. In dem heilklimatischen Kurort befindet sich Deutschlands höchster Wasserfall: Über 163 Meter stürzt sich die **Gutach** zu Tale – zur Freude der Besucher. Dass die weltweit zu Hause sind, belegen die Schildchen an den Kuckucksuhren: Preise und Beschreibungen in Deutsch, Englisch, Französisch, Italienisch und Japanisch. Die Besucher informieren sich über das typische Leben in rauer Höhe im Schwarzwald-Museum: Schwarzwaldhut, Schwarzwaldglas, Schwarzwaldmusikinstrumente.

Gemächlicher geht es im Reinertonishof zu, kurz vor **Schönwald**. Tief hinab reicht das Dach dieses Heidehofes aus dem Jahr 1619 und trotzt Schnee und Hitze. Sogar der

*Glocken-
turm im
Schwarz-
wald nahe
Sankt Peter.*

Herdaufbau stammt noch aus dem Jahr 1619, die Inneneinrichtung ist voll funktionsfähig.

Marianne und Lukas Duffner erklären Besuchern Eigenheiten des Hofes: die Räucherkammer, wo stets Schinken im Qualm hängt, den Muttergotteswinkel, in dem immer eine Flasche Williams Christbirne steht, oder den Kopf eines Ochsen, der seit jeher als Opfergabe für den Heiligen Florian im Giebel des Hauses hängt. Vor dem Haus genießen Gäste eine Schwarzwälder Brotzeit. »Bei uns rasten viele Motorradfahrer«, lacht Lukas Duffner.

Die B 500 garniert die Fahrt mit weiten Ausblicken. Die Schwarzwald-Panoramastraße führt durch **Furtwangen** in den Naturpark Südschwarzwald. Unscheinbar ist der Abzweig ins **Hexenloch**. Der Ritt in die Tiefe verzaubert: Schmal die Straße zwischen senkrechten Felsen und dichtem Wald. Kurve an Kurve, auf einer sonnenüberfluteten Lichtung grast eine Herde Schafe, leise gluckst ein Bächlein. Die Hexenlochmühle, eine der nur noch wenigen typischen Schwarzwaldmühlen, wurde 1825 erbaut. Seit 1839 gehört sie der Familie Trenkle. Heute dient sie nicht mehr als Sägewerk; dennoch treibt noch immer der Heubach das vier Meter große Mühlrad an und erzeugt dabei 13 PS. Kein Vergleich zu den Motorrädern, die hier stehen: Treff bei Schinken, Brot und Honig mitten im Schwarzwald.

Die Strecke via **Sankt Märgen** und **Sankt Peter** ist kaum zu übertreffen. Wald, Kurven und Geraden. Kurz hinter **Sankt Peter** geht es durch das schöne Glottertal, das die Schwarzwaldklinik einst weltberühmt machte, oder hinauf zum Berg Kandel. Dieser Weg empfiehlt sich demjenigen, der auf die Rheinebene hinabschauen möchte ohne zu fliegen. Auf dem Pass in 1242 Metern Seehöhe erhascht der Biker

das Gefühl unendlicher Weite. Abwärts verwöhnen unge-
zählte Serpentinen.

Über die B 194, später B 3, ist **Freiburg im Breisgau**
schnell erreicht. Die Stadt versprüht südeuropäisches Flair.
Studenten verabreichen den 203 600 Einwohnern eine stete
Frischekur. Das Stadtbild prägt das Münster »Unserer Lieben
Frau«: Als Pfarrkirche und Grablege der Zähringer wurde die
Kirche um 1200 begonnen. Biker, die **Freiburg** besuchen,
sollten den Schauinsland unter die Räder nehmen. Aber Vor-
sicht: Samstags, sonn- und feiertags ist die L 124, die hinauf-
führt zur schönen Aussicht in 1284 Metern Höhe, für Motorräder gesperrt. Wer nicht unter der Woche hierher findet, der
sollte es positiv sehen: **Freiburg** bietet so viel – da bleibt
eben mehr Zeit für einen Stadtbummel.

Nr.	Straße km	Position	Richtung	Information	
14	B 294/B3 18 km	Strecke	Freiburg	autobahnähnliche Strecke	B 294/B3 18 km
13	L 186 19 km	Strecke	Kandel	sehr kurvige Strecke	L 186 19 km
12	L 127 8 km	St. Märgen	St. Peter	kurvige Strecke	L 127 8 km
11	L 128 4 km	Strecke	Freiburg	kurvige Strecke	L 128 4 km
10	K 4987 3 km	Hexenloch	St. Märgen	sehr viele Kurven	K 4987 3 km
9	K 5752 8 km	Strecke	Hexenloch	schmale Straße zur Hexenlochmühle	K 5752 8 km
8	B 500 22 km	Reiner-tonishof	Titisee-Neustadt	Schwarzwald-Panoramastraße	B 500 22 km
7	B 500 3 km	Schönwald	Reinertonishof	Schwarzwald-Hof, Imbiss	B 500 3 km
6	B 500 5 km	Triberg	Schön-wald	Ortsdurchfahrt	B 500 5 km
5	B 33 8 km	St. Georgen	Triberg	Wasserscheide, dann viele Kurven	B 33 8 km
4	L 175 20 km	Schramberg	St. Georgen	Deutsche Uhrenstraße, enges Kerbtal	L 175 20 km
3	B 462 1 km	Schramberg	St.Georgen	Ortsdurchfahrt	B 462 1 km
2	B 462 8 km	Schiltach	Schramberg	kurvige Landstraße	B 462 8 km
1	B 294 10 km	Alpirsbach	Freiburg	Schwarzwald-Tälerstraße	B 294 10 km

Dieses Roadbook zum Heraustrennen im Anhang

INFORMATION

- **Alpirsbach**
Tourist Information
Haus des Gastes, Hauptstraße 20
72275 Alpirsbach
Tel. 07444/95 16-281, Fax 07444/95 16-283
Internet www.alpirsbach.de

- **Triberg**
Stadtverwaltung Triberg
Hauptstraße 57
78098 Triberg im Schwarzwald
Tel. 07722/953-0, Fax 07722/953-223
Internet www.triberg.de

- **Freiburg**
Tourist-Information
Rotteckring 14
79098 Freiburg im Breisgau
Tel. 0761/38 81-880
Fax 0761/3 70 03

UNTERKUNFT

Freiburg
Ferien-Freizeit Camping
Möslepark
Hannelore Busse
Waldseestraße 77
79117 Freiburg im Breisgau
Tel. 0761/7 29 38
Fax 0 761/7 75 78
Internet
www.freiburg-freizeit.de
Zimmervermittlung Freiburg
in der Tourist-Information.

Dieser Braumeister
genießt sein Bier bei
Wind und Wetter.

ESSEN & TRINKEN

Reinertonishof, Hexenlochmühle (siehe Sehenswert)

MOTORRADFAHREN

Die Strecke ist eine Freude für Kurvenjäger und Genießer. Wegen der vielen Kurven ist aber ein gewisses Maß an fahrerischem Können Voraussetzung.

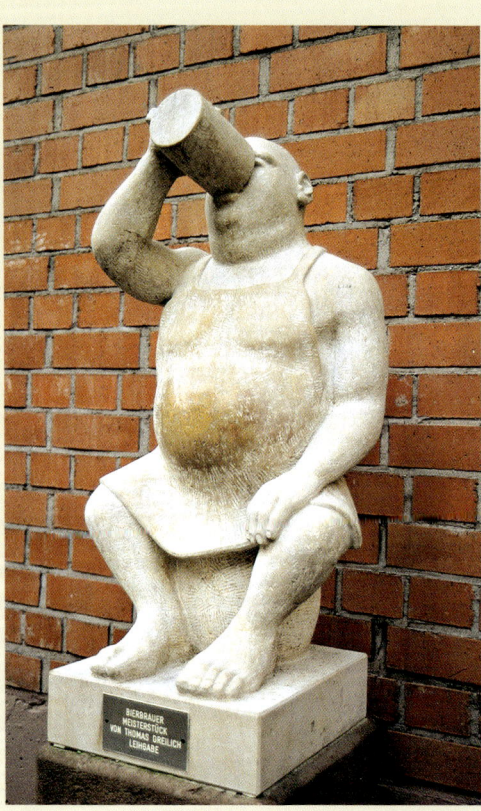

SEHENSWERT

● **Alpirsbacher Klosterbräu**
Marktplatz 1
72275 Alpirsbach
Tel. 07444/67-0
Fax 07444/15 10
E-Mail info@alpirsbacher.de

● **Schwarzwald-Museum**
Wallfahrtstraße 4
78098 Triberg
Tel. 07722/44 34
Fax 07722/92 01 10

● **Reinertonishof**
Marianne und Lukas Duffner
Schwarzenbachtal 12
78141 Schönwald
Tel. 07722/50 64
Besichtigung täglich 14–17 Uhr oder nach
Vereinbarung.

● **Hexenlochmühle**
Karl Friedrich Trenkle
Hexenlochstraße 13+14
78120 Furtwangen-Neukirch
Tel. 07723/73 22
Fax 07669/14 41

Stille über dem Wasser

Die Oktobersonne macht's möglich: Richtig warm wird es einem bei der letzten großen Ausfahrt des Motorradjahres – sogar richtig warm ums Herz, wenn man das große Wasser verheißungsvoll glitzern sieht.

Hier irgendwo muss er doch sein. Schließlich ist der **Bodensee** riesig. So riesig, dass gleich drei Länder an ihn grenzen, so riesig, dass er seine Finger weit in den Nordwesten Baden-Württembergs streckt: Da müsste er doch zu finden sein, der Bodensee. Bislang jedoch hüllt er sich in Nebelschwaden.

Da: Nach **Bodman** weist das Schild. Und das liegt am Wasser. Rein in die schmale Straße, die sich windet zwischen Feldern und Plantagen. Grün und rot schimmern die Äpfel von den Bäumen, die Luft ist mild. Bloß wenige Kilometer lang ist die Straße, dann führt sie durch enge Gassen. Da liegt er. Träge düm-

Im Herbst herrscht am Bodensee eine besondere Atmosphäre.

pelt der **Bodensee** vor sich hin. Freie Sicht aufs Wasser, das hier **Überlinger See** heißt und sich erst hinter der Enge zwischen **Konstanz** und **Meersburg** zum **Bodensee** weitet.

Die Anleger für Yachten sind bei Seglern begehrt.

Schnell sind die Motorräder abgestellt: Hier ist die Saison weitgehend gelaufen. Nur vereinzelt bringt der Oktober Gäste hierher. Eine Handvoll Wanderer sitzt direkt an der Promenade an einem Tisch, darauf stehen Eisbecher und Gläser. Stille ist gefragt an jenem Tag, an dem sich die Sonne durch den Dunst zu kämpfen versucht. Ein paar Enten strecken ihr Hinterteil aus dem Wasser oder sie schnattern respektlos in den Tag hinein. Weiter draußen re-

cken Schwäne ihre Hälse hoch über das spiegelnde Nass. Sanfte Wellen lassen die Takelage der letzten Segelboote verhalten an den Masten klimpern.

Die Herbstsonne ist angenehm genug, um im Biergarten zu sitzen.

Weiter nach Liggeningen schraubt sich eine schmale Straße durch den Wald. Oben öffnet sich das Land, Felder drängen sich bis an den Wegesrand, in der Ferne erst winken Wipfel. Weiter Richtung **Langenrain** und **Dettingen**.

Links ein kleiner Parkplatz mit freier Sicht auf den See. Im selben Moment zerreißt die Sonne das Grau, zaubert ein tiefes Blau auf die glitzernde Oberfläche und lässt die Segel kleiner Boote so weiß erscheinen wie Schwäne. Für einen Moment steht die Zeit still, verschmelzen Himmel und Erde miteinander.

Immer wieder lässt sich der See mit den Augen erhaschen, als es weiter in Richtung **Konstanz** geht. Die Kurven gestatten jenes Gefühl, welches die Eleganz des Motorradfahrens am Ende einer Saison ausdrückt: Die Biker sind eins mit ihren Maschinen in dem Bewegungsablauf der sanften, langgestreckten Rechts-Links-Kombinationen.

Herbstliches Flanieren über die Uferprome-nade von Konstanz.

Vorbei geht es an den Parkplätzen, auch mit Buchten für Motorräder. Hinter dichten Bäumen versteckt sich die Blumeninsel **Mainau**. Ein steinerner Steg führt Fußgänger übers Wasser, das inzwischen das kräftige Blau des Himmels widerspiegelt. Es ist warm geworden, und warm ist auch das Gefühl, ein schönes Motorradjahr erlebt zu haben.

Eine Brücke führt mitten ins Herz von **Konstanz**. Ehrwürdige Häuser flankieren die Ufer, verleihen dem Ort mondänen Charme. Fix ergattern die Biker für ihre Motorräder ein schattiges Plätzchen unter Bäumen, schnell sind Jacken und Helme verstaut, bald die Seepromenade erreicht. Strahlend zeigt sich der Bodensee von seiner vornehmen Seite, trägt weiße Fähren durch das Hafentor, lässt elegante Jachten auf

seiner gekräuselten Oberfläche schippern. »Genießen Sie den Tag«, lacht ein Eisverkäufer, »es könnte der letzte Sonnentag des Jahres sein.«

Recht hat er. Der Biergarten nahe dem Pier füllt sich mit sonnenhungrigen und bierdurstigen Gästen. Im Hafen hängt eine Jacht ungelenk an einem Kran, bereit, ins Winterquartier verfrachtet zu werden. Hilfreiche Hände zurren an Gurten, drehen an Seilwinden, die unter der Last ächzen.

Gelassenheit beherrscht Konstanz an diesem Sonntag im Oktober, erlaubt, die Atmosphäre tief aufzunehmen. Schließlich muss die Erinnerung an die letzte große Fahrt des Jahres lang anhalten – bis der kommende Frühling die nächste Saison ankündigt.

Aber zuvor steht noch die Heimfahrt an. Und die führt zunächst wieder nach **Bodman**. Warum? Weil dort die Äpfel so saftig grün und rot sind wie sonst nirgends auf dieser Tour. Und wer wollte, wer könnte diesem Anblick schon widerstehen? Über allem lacht die Sonne – gerade das macht den Apfel noch leckerer. Welch ein Schmaus, Stopp zum letzten Ma(h)l auf der letzten großen Fahrt in diesem Jahr.

Nr.	Straße km	Position	Richtung	Information		
5	– 5 km	Mainau	Konstanz	Besuch der Stadt an der Promenade am Hafen, Sealife		– 5 km
4	– 0 km	Mainau	Mainau	Abstecher zur wundervollen Blumeninsel		– 0 km
3	– 11 km	Dettingen	Mainau	Richtung See, Blicke aufs Wasser		– 11 km
2	– 10 km	Liggeringen	Dettingen	Höhenzug, sanfte Kurven		– 10 km
1	– 3 km	Bodman	Liggeringen	Serpentinen durch Wald, dann swingende Kurven		– 3 km

Dieses Roadbook zum Heraustrennen im Anhang

INFORMATION

• **Konstanz**
Tourist-Information Konstanz
Bahnhofplatz 13, 78462 Konstanz
Tel. 07531/13 30-30
Fax 07531/13 30-60
Internet www.konstanz.de oder
www.bodensee.de

UNTERKUNFT

• **Konstanz**
Campingplatz Klausenhorn
Inge und Albert Fluck
78465 Konstanz-Dingelsdorf
Tel. 07533/63 72, Fax 07533/75 41
E-Mail camping@ti.konstanz.de.
Hotelvermittlung: Tel. 07531/1 94 12

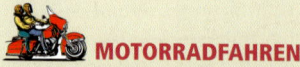

MOTORRADFAHREN

Die beschriebene Region eignet sich besonders im Herbst für eine gemächliche Abschlusstour. Dann ist sie nicht so überlaufen wie im Sommer.

SEHENSWERT

• **Erlebnis-Aquarium Sealife**
Konstanz, direkt am Hafen
Tel. 07531/12 82 70
Fax 07531/1 28 27 27
Internet www.sealife.de

• **Blumeninsel Mainau**
Tel. 07531/303-0
Fax 07531/303-248
Internet www.mainau.de

Die saftigen
Äpfel am
Bodensee
verleiten zu
einer Sünde.

Fahren mit dem Roadbook

Damit Sie die schönsten Touren ungehindert genießen können, erhalten Sie von uns das Roadbook zum schnellen Überblick zum Mitnehmen.

Mit Hilfe der Wegbeschreibungen und Kurzinfos erfahren Sie kurz und knapp, welche Abzweigungen Sie nehmen müssen und welche Attraktionen Sie am Straßenrand erwarten.

Am Anfang erhalten Sie einen kurzen Überblick über die Region und über den Routenverlauf. Das Roadbook selbst ist in übersichtliche Spalten aufgeteilt mit folgenden Informationen:

Die Kennzeichnungen **Nr./km** zählen die Kreuzungen und deren jeweilige Entfernungen zwischen den einzelnen Roadbook-Positionen auf.

Straße bezeichnet die Strecke mit der offiziellen inländischen Bezeichnung, auf der Sie sich befinden.

Position nennt die Ortschaft oder den Ort, an dem Sie sich gerade befinden.

Die Spalte **Richtung** weist darauf hin, welche Richtung Sie einschlagen müssen, um in einen Ort zu gelangen.

Piktogramme geben Ihnen genaue Anweisungen, welchen Abzweigungen Sie an den Kreuzungen folgen sollten.

Weitere Piktogramme finden Sie in der Spalte **Information**. Hier werden Sie auf besondere Sehenswürdigkeiten oder Übernachtungsmöglichkeiten hingewiesen.

Die einzelnen Piktogramme:

* ✱ Sehenswert
* Kirche
* Schloss
* Museum
* Aussicht rundum
* Aussicht halb
* Achtung
* Hotel/Übernachtung
* Höhle
* Bikerfreundliche Gaststätte
* Tankstelle
* Badestrand
* Parkplatz
* Campingplatz
* Alternative, Abstecher
* Fähre/Schiff
* Info
* Turm
* Leuchtturm

Roadbook 1
Routen in Baden-Württemberg

Gebiet: Schwäbisch-Fränkischer Wald
Region: Schurwald / Löwensteiner Berge
Routenverlauf: Kloster Adelberg – Lorch – Mutlangen – Unterrot – Oberrot – Mainhardt – Löwenstein – Neckarsulm
Gesamtstrecke: 99,1 km

Nr.	Straße km	Position	Richtung	Information	
12	- / 100 m	Neckarsulm	Neckarsulm	linker Hand Zweiradmuseum	- / 100 m
11	- / 5 km	hinter Schemelsberg-Tunnel	Neckarsulm	Landstraße, in das Städtchen hinein Richtung Zentrum	- / 5 km
10	B 39 / 16 km	Treffpunkt »Platte«	Heilbronn	zuerst kurvig, dann im Tal entlang schöner Weinberge	B 39 / 16 km
9	B 39 / 13 km	Mainhardt	Heilbronn	kurvige Strecke am Rande der Löwensteiner Berge, Treffpunkt »Platte«	B 39 / 13 km
8	B 14 / 15 km	Kreuzung	Mainhardt	B 14 folgen	B 14 / 15 km
7	- / 8 km	Fichtenberg	Mainhardt	Idyllische Straße	- / 8 km
6	B 298 / 24 km	Unterrot	Oberrot	B 298, Idyllische Straße	B 298 / 24 km
5	B 298 / 8 km	Mutlangen	Gschwend	herrliche Ausblicke in den Naturpark Fränkisch-Schwäbischen Wald	B 298 / 8 km
4	B 298 / 5 km	Nebenstrecke/Kreuzung	Mutlangen	parallel zu B 10, schwungvolle Kurven	B 298 / 5 km
3	- / 1 km	Innenstadt Lorch	Schwäbisch Gmünd	Nebenstrecke, Kreisverkehr geradeaus, hinter Bahngleisen rechts	- / 1 km
2	B 297 / 11 km	vor Wäschenbeuren	Lorch	in Lorch bergauf bis auf Höhenzug, dann durch Wald mit Serpentinen	B 297 / 11 km
1	L 1147 / 5 km	Adelberg	Göppingen	zuerst zwei Serpentinen, dann swingende Kurven	L 1147 / 5 km

INFORMATION

• **Adelberg**
Gemeindeverwaltung Adelberg
Vordere Hauptstraße 2
73099 Adelberg
Tel. 07166/91 01 10
Fax 07166/91 01 13
Internet www.region-stuttgart.de/kommunen/adelberg/

UNTERKUNFT

• **Adelberg**
Campingplatz Adelberg
Sport- und Erholungszentrum Klosterpark
73099 Adelberg
Tel. 07166/9 12 10-0 oder -11
Fax 07166/9 121 0-29

BRUCKMANN

ESSEN & TRINKEN

• **Adelberg**
Klosterstüble mit Biergarten, Im Kloster 26
73099 Adelberg, Tel. 07166/92 99 92

MOTORRADFAHREN

Die beschriebene Strecke ist eine tolle
Mischung aus dahinschwingenden Kurven,
Serpentinen und Geraden. Sie führt durch
dichte Wälder, weite Täler und Hochrücken.
Die Gegend ist recht dünn besiedelt.

VERANSTALTUNGEN

• **Kloster Adelberg**
Im Juli Festspiele mit Theater- und
Musikaufführungen. Bühnen aus anderen
Städten geben Gastspiele unter freiem
Himmel in einzigartiger Atmosphäre.

Kocher

A 6

E Neckarsulm

N
0   5 km

Ellhofen

Weinsberg

Waldenburger Berge

Kocher

Naturpark

Heilbronn

Mainhardt

Mainhardter Wald

Schwäbisch Hall

Löwenstein

Löwensteiner Berge

Wüstenrot

Schwäbisch-

A 81

Oberrot

Fichtenberg

Gaildorf

Murrhardt

Unterrot

Fränkischer

Gschwend

Backnang

Murr

Frickenhofer Höhe

Ludwigsburg

Wald

Welzheim

Neckar

Winnenden

Welzheimer Wald

Spraitbach

Waiblingen

Alfdorf

Fellbach

Schorndorf

Mutlangen

Rems

Lorch

T

STUTTGART

Schwäbisch Gmünd

Adelberg   A

Esslingen

Wäschen-
beuren

Rechberghausen

Roadbook 2

Routen in Baden-Württemberg

Gebiet: Schwäbische Alb, Oberschwaben, Allgäu
Region: Lenninger Tal, Blaubeurer Alb
Routenverlauf: Burg Teck – Blaubeuren – Biberach/Riß – Bad Wurzach – Leutkirch – Isny
Gesamtstrecke: 142 km

Nr.	Straße km	Position	Richtung	Information		
7	-/15 km	Herlazhofen	Isny	Landstraße mit schönen Ausblicken	✳ ✳	-/15 km
6	B 18/2 km	Leutkirch	Herlazhofen	kleiner Straße am Rande Leutkirchs folgen	T ✳	B 18/2 km
5	B 465/14 km	Bad Wurzach	Leutkirch	sanfte Kurven durchs baden-württembergische Allgäu	✳ T ✳	B 465/14 km
4	B 465/30 km	Biberach/Riß	Bad Wurzach	Berg- und Talstrecke, erste Blicke auf die Alpen	✳ ✳	B 465/30 km
3	B 465/41 km	Blaubeuren	Biberach/Riß	Oberschwäbische Barockstraße	✳ ✳	B 465/41 km
2	B 28/20 km	Kreuzung	Blaubeuren	herrliche Strecke über die Höhe, lange Kurven, betörende Ausblicke	✳ X ✳	B 28/20 km
1	B 465/20 km	Owen	Blaubeuren	swingende Kurven durchs Lenninger Tal, kleinere Orte	✳ T ✳	B 465/20 km

INFORMATION

• **Kirchheim**
Verkehrsamt
Max-Eyth-Straße 15
73230 Kirchheim unter Teck
Tel. 07021/30 27
Fax 07021/48 05 38
Internet www.kirchheim-teck.de
oder www.s-alb.org

• **Blaubeuren**
Tourist-Information
Auf dem Graben 15
89143 Blaubeuren
Tel 07344/92 10 25
Fax 07344/96 69 36
Internet www.blaubeuren.de

• **Isny**
Tourist-Information und Zimmervermittlung Isny
Internet www.isny.de

UNTERKUNFT

• **Kirchberg**
Camping Christophorus-Illertal
88486 Kirchberg/Sinningen
Tel. 07354/663, Fax 07354/9 13 14
Internet www.camping-christophorus.de

• **Isny**
Hotel Garni Am Roßmarkt
Roßmarkt 8-10, 88316 Isny
Tel. 07562/97 65 00, Fax 07562/40 52

ESSEN & TRINKEN

• **Blaubeuren**
Kiosk am Fritz, Auf dem Graben 20
89143 Blaubeuren, Tel. 07344/36 37

 BRUCKMANN

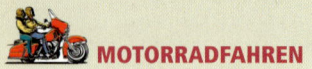

MOTORRADFAHREN

Die hier beschriebene Strecke bietet von jedem etwas: lange und weite Kurven, Serpentinen, lange Geraden in der Ebene und im Gefälle. Sie besticht vor allem durch ihre Fülle an Naturschönheiten. Keine Sorge: Dass Teile über Bundesstraßen führen, hat keinen Nachteil zur Folge. Das Land ist dünn besiedelt, der Verkehr ist nicht dicht.

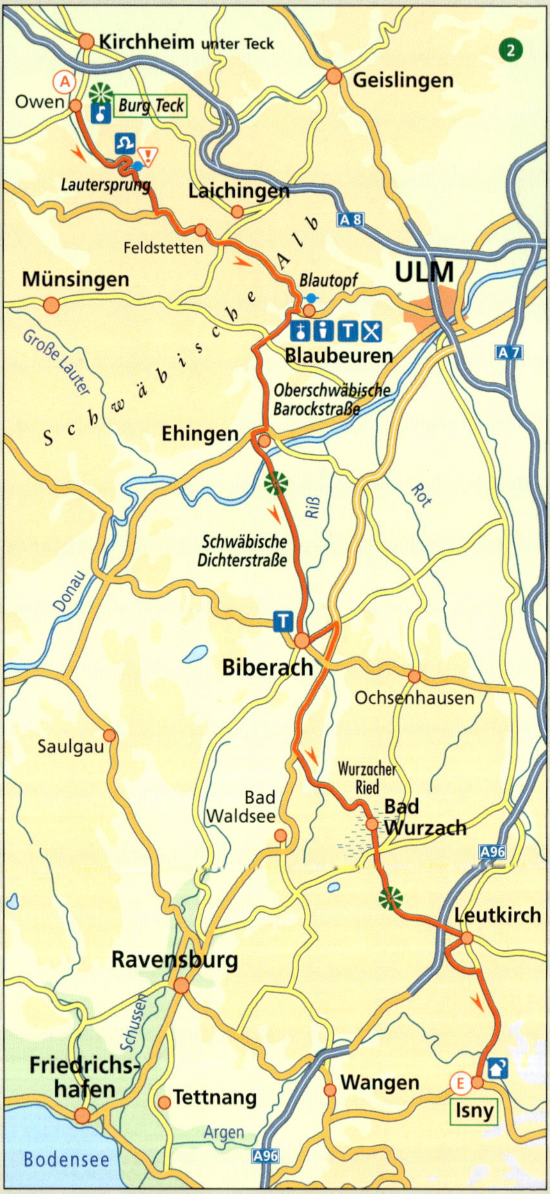

SEHENSWERT

- **Owen**
Burg Teck

- **Blaubeuren**
Koster, Blautopf

- **Isny**
Barocke Fußgängerzone

Kirchheim unter Teck

Geislingen

Owen

Burg Teck

Lautersprung

Laichingen

A 8

Feldstetten

Schwäbische Alb

Blautopf

ULM

Münsingen

Große Lauter

Blaubeuren

A 7

Oberschwäbische
Barockstraße

Ehingen

Riß

Rot

Schwäbische
Dichterstraße

T

Biberach

Ochsenhausen

Saulgau

Wurzacher
Ried

Bad
Waldsee

Bad
Wurzach

A 96

Donau

Leutkirch

Ravensburg

Schussen

Friedrichs-
hafen

Tettnang

Wangen

Isny

E

Argen

A 96

Bodensee

Roadbook 3

Routen in Baden-Württemberg

Gebiet: Münsinger-/ Schwäbische Alb
Region: Münsingen, Trochtelfingen
Routenverlauf: Burg Hohenneuffen – Bad Urach – Münsingen – Engstingen – Trochtelfingen – Sigmaringen
Gesamtstrecke: 81,5 km

Nr.	Straße km	Position	Richtung	Information		
10	B 32 / 23 km	Gammertingen	Sigmaringen	wechselndes Tal, sehr kurvig	T ✳	B 32 / 23 km
9	B 313 / 10 km	Trochtelfingen	Gammertingen	wechselndes Tal, sehr kurvig	T ✳	B 313 / 10 km
8	B 313 / 16 km	Großengstingen	Trochtelfingen	wechselndes Tal, sehr kurvig	T ✳	B 313 / 16 km
7	L 249 / 6 km	Eglingen	Großengstingen	Landstraße mit schönen Ausblicken	✻ ✳	L 249 / 6 km
6	L 230 / 5 km	kurz vor Münsingen	Zwiefalten	kleiner Straße folgen, später Schwäbische Dichtersraße	✻ ✳	L 230 / 5 km
5	B 465 / 8 km	Seeburg	Münsingen	Café Schlössle, kurvige Strecke durch Wald	☒ ✻	B 465 / 8 km
4	B 28 / 0,5 km	Bad Urach	Münsingen	Stadt	T ✳	B 28 / 0,5 km
3	K 1263 / 8 km	Kreuzung	Bad Urach	herrliche Strecke über die Höhe, lange Kurven	✻ ✳	K 1263 / 8 km
2	K 1262 / 3 km	Kreuzung	Bad Urach	herrliche Strecke über die Höhe, lange Kurven	✻ ✳	K 1262 / 3 km
1	K 1244 / 2 km	Parkplatz Hohenneuffen	Bad Urach	swingende Kurven	✻ ✳	K 1244 / 2 km

 INFORMATION

- **Neuffen**
Bürgermeisteramt Neuffen
Hauptstraße 19
72639 Neuffen
Tel. 07025/106-0
Internet www.neuffen.de

- **Bad Urach**
Tourist-Info Bad Urach
Bei den Thermen 4
72574 Bad Urach
Tel. 07125/94 32-0
Fax 07125/94 32-22
Internet www.bad-urach.de

- **Trochtelfingen**
Verkehrsverein/Verkehrsamt
Trochtelfingen
Rathausplatz 9
72818 Trochtelfingen
Tel. 07124/48-20 oder 48-21
Internet www.trochtelfingen.de

- **Sigmaringen**
Kreisstadt Sigmaringen
Rathaus
Tel. 07571/106-0
Internet www.sigmaringen.de
oder www.hohenzollern.de

UNTERKUNFT

• **Sigmaringen**
Campingplatz Sigmaringen
Familie Friemauth
Georg-Zimmerer-Straße 6
72488 Sigmaringen
Tel. 07571/5 04 11
Fax 07571/5 04 12
Internet www.campingplatz-sigmaringen.de

Hotel Gasthof Traube
Fürst-Wilhelm-Straße 17
72488 Sigmaringen
Tel. 07571/6 45 10
Fax 07571/5 06 15

ESSEN & TRINKEN

• **Seeburg**
Café Schlössle
am Ortseingang von
72574 Bad Urach-Seeburg
Montag Ruhetag
Tel. 07381/31 20

MOTORRADFAHREN

Die Strecke hält in jeder Hinsicht
Überraschungen bereit: Sie führt über
lange, weite Ebenen und durch enge
Täler vorbei an imposanten
Bauwerken.

SEHENSWERT

• **Neuffen**
Burgruine

• **Bad Urach**
Marktplatz mit Marktbrunnen

• **Marbach**
Hengstparade an zwei Wochenenden Ende September/Anfang Oktober, jeweils 12-15.30 Uhr, Kartenvorbestellung, Tel. 07385/9 69 50.

• **Trochtelfingen**
Bierkrug- und Bierdeckelmuseum der Albquell-Brauerei, Öffnungszeiten/Führungen nach Vereinbarung, Lindenplatz 6, Tel. 07124/733.

• **Sigmaringen**
Schloss mit Museum

Roadbook 4

Routen in Baden-Württemberg

Gebiet: Strom- und Menchelberg
Region: Maulbronn, Kraichgau
Routenverlauf: Kloster Maulbronn – Knittlingen – Oberdingen – Brackenheim – Markgröningen – Ludwigsburg
Gesamtstrecke: 59 km

Nr.	Straße / km	Position	Richtung	Information	
12	L 1141 / 5 km	Markgröningen	Ludwigsburg	Fahrt durch Felder, durch Asperg, Richtung Schloss	L 1141 / 5 km
11	L 1141 / 1 km	hinter Großsachsenheim	Markgröningen	Landstraße	L 1141 / 1 km
10	L 1110 / 5 km	Großsachsenheim	Ludwigsburg	zuerst kurvig, dann im Tal entlang schöner Weinberge	L 1110 / 5 km
9	L 1110 / 5 km	Hohenhaslach	Großsachsenheim	schöne kurvige Strecke, Kreuzung am Ortsende	L 1110 / 5 km
8	L 1110 / 4 km	Eibensbach	Bietigheim	Ortsdurchfahrt	L 1110 / 4 km
7	K 2150 / 3 km	Cleebronn	Eibensbach	Schwäbische Weinstraße	K 2150 / 3 km
6	K 2068 / 6 km	Brackenheim	Cleebronn	Idyllische Straße, durch Cleebronn	K 2068 / 6 km
5	L 1103 / 22 km	Oberderdingen	Brackenheim	Weinstraße Kraichgau-Stromberg, kurvig, Gefälle, Steigungen, Ortsdurchfahrten	L 1103 / 22 km
4	L 1103	Zur Ölmühle	Oberderdingen	gemütlicher Biergarten, geteerter Feldweg	L 1103
3	L 554 / 4 km	Oberderdingen	Sternenfels	schöne, gemütliche Strecke	L 554 / 4 km
2	K 4512 / 3 km	Knittlingen	Oberderdingen	Ortsdurchfahrt, vorher leichte Kurven	K 4512 / 3 km
1	- / 1 km	Maulbronn	Bruchsal	Ortsdurchfahrt	- / 1 km

INFORMATION

• Bretten
Touristikgemeinschaft
Kraichgau-Stromberg
Melanchthonstraße 1, 75015 Bretten
Tel. 07252/95 76 10, Fax 07252/95 76 12
E-Mail
TouristikKraichgau-Stromberg@t-online.de

• Maulbronn
Stadtverwaltung Maulbronn
Postfach 47, 75429 Maulbronn
Tel. 07043/103-0, Fax 07043/103-45

• Markgröningen
Stadtverwaltung Markgröningen
Marktplatz 1, 71706 Markgröningen
Tel. 07145/13-0
Internet www.markgroeningen.de

BRUCKMANN

UNTERKUNFT

• **Knittlingen**
Stromberg Camping
Diefenbacher Straße
75438 Knittlingen
Tel. 07043/21 60
Fax 07043/4 04 05

• **Ludwigsburg**
Hotel Favorit
Gartenstraße 18
71638 Ludwigsburg
Tel. 07141/97 67 70
Fax 07141/90 29 91

ESSEN & TRINKEN

• **Oberderdingen**
Gasthaus Zur Ölmühle
75038 Oberderdingen (Richtung Sternenfels)
Montag Ruhetag
Tel. 07045/720
Fax 07045/93 04 10
Internet www.knoedelkoenig.de

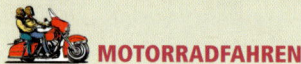

MOTORRADFAHREN

Die Strecke gestattet dem Fahrer eher den Genuss einer ruhigen, beschaulichen Tour. Nur manchmal verlangen Kurven und hügeliges Gelände nach Aufmerksamkeit.

SEHENSWERT

• **Maulbronn**
Infozentrum Kloster
Klosterhof 5
Tel. 07043/92 66 10
Fax 07043/92 66 11
Internet www.schloesser-magazin.de

• **Markgröningen**
Marktplatz mit Fachwerkhäusern,
Schäferlauf um den 24. August

• **Ludwigsburg**
Schloss mit Blühendem Barock und Märchengarten, schöne Innenstadt.
Blühendes Barock
Mömpelgardstraße 28, 71640 Ludwigsburg
Tel. 07141/92 42 41, Fax 07141/9 75 65 33
Internet www.blueba.de

Roadbook 5

Routen in Baden-Württemberg

Gebiet: Neckarland – Schwaben
Region: Neckartal
Routenverlauf: Schwenningen – Rottweil – Oberndorf – Wasserschloss Glatt – Horb – Rottenburg – Tübingen – Esslingen
Gesamtstrecke: 132 km

Nr.	Straße km	Position	Richtung	Information	
14	B 10 / 10 km	Kreuzung	Esslingen	autobahnähnlich, bis Innenstadt Esslingen	B 10 / 10 km
13	B 313 / 11 km	Nürtingen	Esslingen	Ortsdurchfahrt, Römerstraße Neckar-Alb	B 313 / 11 km
12	B 297 / 18 km	hinter Tübingen	Nürtingen	Fahrt durch Wald, kurvig	B 297 / 18 km
11	B 27 / 6 km	Tübingen	Stuttgart	vierspurige Schnellstraße	B 27 / 6 km
10	L 370 / 13 km	Rottenburg	Tübingen	weites Neckartal, Blick auf Wurmelinger Kapelle	L 370 / 13 km
9	L 370 / 11 km	Starzach	Rottenburg	landschaftlich schöne Strecke	L 370 / 11 km
8	K 6924 / 3 km	Starzach	Starzach	Straße durch Wald und Feld zu Schloss Weitenburg	K 6924 / 3 km
7	L 370 / 1 km	Horb	Mühlen	Uferstraße	L 370 / 1 km
6	K 4779 / 2 km	Rexingen	Rexingen	kleine Straße führt zum jüdischen Friedhof	K 4779 / 2 km
5	B 14 / 12 km	Sulz	Horb	bewaldete Strecke zwischen Schwarzwald und Schwäbischer Alb	B 14 / 12 km
4	K 5512 / 4 km	Sulz	Wasser-schloss Glatt	kurvige Strecke, Wasserschloss	K 5512 / 4 km
3	B 14 / 27 km	Oberndorf	Sulz	schöne, gemütliche Strecke, gemütlicher Biergarten	B 14 / 27 km
2	B 14 / 3 km	Rottweil	Obern-dorf	Ortdurchfahrt, vorher leichte Kurven	B 14 / 3 km
1	B 27 / 18 km	Schwen-ningen	Rottweil	Ortsdurchfahrt	B 27 / 18 km

BRUCKMANN

INFORMATION

• **Rottweil**
Tourist-Information Rottweil
Hauptstraße 21-23
78628 Rottweil
Tel. 0741/49 42 80, Fax 0741/49 43 73
Internet www.rottweil.de

UNTERKUNFT

• **Starzach**
Schloss Weitenburg
72181 Starzach-Weitenburg
Tel. 07457/93 30, Fax 07457/93 31 00
Internet www.schloss-weitenburg.de

ESSEN & TRINKEN

• **Sulz**
Gasthof Lamm, Marktplatz 5, 72172 Sulz
Tel. 07454/9 62 60, Fax 07454/96 26 26

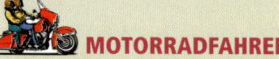

MOTORRADFAHREN

Die Tour am Neckar bietet fahrerisch
keine allzu große Herausforderung, aber
sie verwöhnt den Biker mit außergewöhnlich
schöner Natur. Die Straßen sind
weitgehend schwach befahren, erst im
Ballungsraum Stuttgart nimmt der Verkehr
deutlich zu.

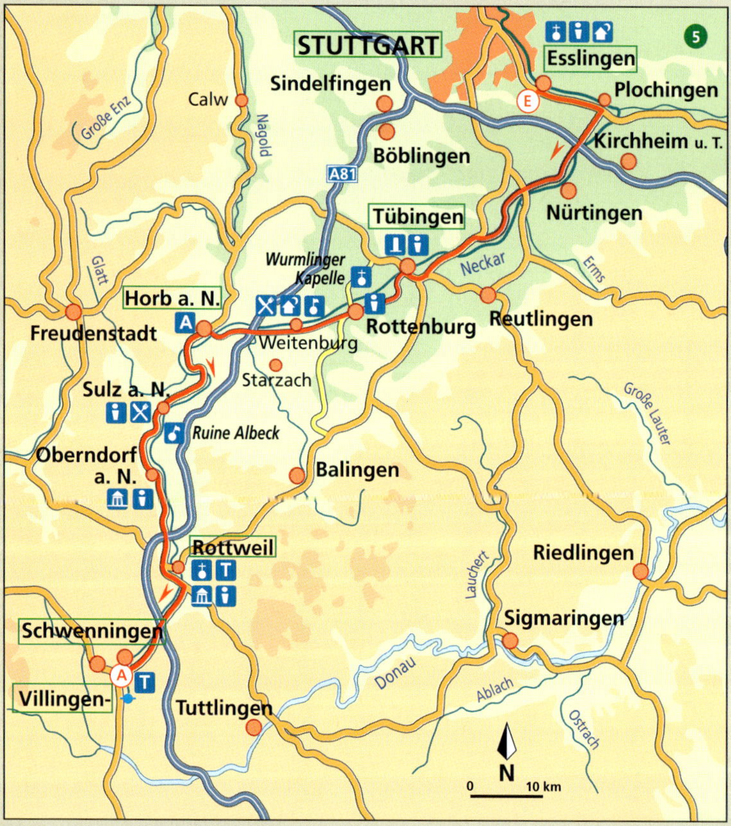

STUTTGART

Esslingen — 5

Plochingen

Sindelfingen

Calw

Böblingen

Kirchheim u. T.

A81

Tübingen

Nürtingen

Wurmlinger
Kapelle

Neckar

Erms

Horb a. N.

Rottenburg

Reutlingen

Freudenstadt

Weitenburg

Starzach

Sulz a. N.

Ruine Albeck

Große Lauter

Oberndorf
a. N.

Balingen

Rottweil

Riedlingen

Lauchert

Schwenningen

Sigmaringen

Villingen-

Tuttlingen

Donau

Ablach

Ostrach

N

0   10 km

Roadbook 6

Routen in Baden-Württemberg

Gebiet: Neckarland – Schwaben
Region: Stuttgart
Routenverlauf: Stuttgart-Zentrum – Fernsehturm/Stuttgart-Zentrum – Glemseck – Solitude
Gesamtstrecke: 21 km

Nr.	Straße / km	Position	Richtung	Information	
8	L 1189 / 1 km	Katzenbacher Hof	Stuttgart	Serpentinen	L 1189 / 1 km
7	L 1189 / 2 km	Abzweig	Katzenbacher Hof	Sackgasse folgen	L 1189 / 2 km
6	L 1188 / 3 km	Glemseck	Böblingen	ehemalige Rennstrecke	L 1188 / 3 km
5	L 1187 / 5 km	Solitude	Leonberg	ehemalige Rennstrecke	L 1187 / 5 km
4	L 1187 / 2 km	Kreisverkehr Schattenring	Magstadt	kurvige Strecke	L 1187 / 2 km
3	B 14 / 7 km	Charlottenplatz	Böblingen	Tunnel, kurvige Straße	B 14 / 7 km
2	- / 1 km	Kreuzung	Fernsehturm	Parkplatz ausgeschildert	- / 1 km
1	B 27 / 4 km	Charlottenplatz	Tübingen/ Degerloch	kurvige Straße	B 27 / 4 km

INFORMATION

• **Stuttgart**
Touristinformation Stuttgart
Königstraße 1 a
(gegenüber Hauptbahnhof)
70173 Stuttgart
Tel. 0711/22 28-240
Fax 0711/22 28-253
Internet www.stuttgart.de

Verwaltung Fernsehturm
Jahnstraße 120
70597 Stuttgart-Degerloch
Tel. 0711/2 49 96 00

UNTERKUNFT

• **Stuttgart**
Hotelzimmervermittlung Stuttgart
Tel. 0711/22 28-233
Fax 0711/22 28-251
Internet www.stuttgart-tourist.de

BRUCKMANN

ESSEN & TRINKEN

• **Stuttgart**

Webers Gourmet im Turm
Jahnstraße 120
70597 Stuttgart-Degerloch
Tel. 0711/24 89 96-10
E-Mail mail@webers-gourmet-im-turm.de

Panorama-Café im Turm
Jahnstr. 120
70597 Stuttgart-Degerloch
Tel. 0711/24 89 96-20

Bar Ristorante Primafila
Biergarten am Fuß des Turms
Jahnstr. 120
70597 Stuttgart-Degerloch
Tel. 0711/2 36 31 55

Katzenbacher Hof
Fam. Unterkoffler
70569 Stuttgart-Büsnau
E-Mail kontakt@katzenbacherHof.de
Internet www.katzenbacherhof.de

• **Leonberg**

Hotel-Restaurant Glemseck
Glemseck, 71229 Leonberg
Tel. 07152/4 31 34
Fax 07152/7 15 76

 **MOTORRADFAHREN**

Die Strecke ist natürlich in der Stadt nicht sehr
ergiebig, um seine Maschine auszufahren.
Auf der Rennstrecke Solitude indes erlebt der
Biker – zumindest ansatzweise – das Gefühl,
das schon Rennfahrer auf diesem Rundkurs
gespürt haben müssen.

Roadbook 7

Routen in Baden-Württemberg

Gebiet: Neckarland – Schwaben
Region: Neckartal
Routenverlauf: Neckarrems – Marbach – Heilbronn – Neckargemünd – Heidelberg – Ladenburg – Mannheim
Gesamtstrecke: 144 km

Nr.	Straße / km	Position	Richtung	Information	
17	L 597 / 2 km	Ladenburg	Zentrum	Ortsdurchfahrt	L 597 / 2 km
16	Fähre	Neckar-hausen	Ladenburg	Fähre	Fähre
15	L 637 / 8 km	Wieblingen	Edingen-Neckarhausen	Ortsdurchfahrt zur Fähre	L 637 / 8 km
14	L 637 / 5 km	Heidelberg	Wieblingen	Ortsdurchfahrt, Mannheimer Straße	L 637 / 5 km
13	B 37 / 14 km	Neckar-gemünd	Heidelberg	Ortsdurchfahrt, parallel zum Fluss	B 37 / 14 km
12	K 4200 / 2 km	Mückenloch	Neckar-gemünd	Fahrt durch Wald, kurvig	K 4200 / 2 km
11	K 4102 / 3 km	Neckar-häuserhof	Mückenloch, später Heidelberg	kleine Straße durch Wald	K 4102 / 3 km
10	- / 1 km	Neckar-hausen	Neckar-häuserhof	Fähre	- / 1 km
9	B 37 / 35 km	Mosbacher Kreuz	Heidelberg	landschaftlich schöne Strecke	B 37 / 35 km
8	B 27 / 16 km	Bad Wimpfen	Heidelberg	Burgenstraße	B 27 / 16 km
7	B 27 / 32 km	Bietigheim	Heilbronn, später Bad Wimpfen	Uferstraße	B 27 / 32 km
6	L 1125 / 6 km	Pleidelsheim	Bietigheim	idyllische Straße, am Ende Gewerbegebiet	L 1125 / 6 km
5	L 1129 / 4 km	Freiberg	Mundelsheim	kurvige Strecke	L 1129 / 4 km
4	L 1138 / 1 km	Kreuzung	Freiberg	kurvige Strecke	L 1138 / 1 km
3	L 1100 / 1 km	Marbach	Bietigheim	schöne, gemütliche Strecke	L 1100 / 1 km
2	L 1100 / 1 km	Marbach	Marbach	zweite Einfahrt, Schillerhaus folgen	L 1100 / 1 km
1	L 1100 / 13 km	Neckarrems	Ludwigs-burg/Marbach	parallel zum Neckar	L 1100 / 13 km

BRUCKMANN

INFORMATION

- **Marbach**
Stadtinformation Marbach
Marktstraße 23, 71666 Marbach am Neckar
Tel. 07144/102-0, Fax 07144/102-300
Internet www.schillerstadt-marbach.de

UNTERKUNFT

- **Ladenburg**
Hotel im Lustgarten
Kirchenstraße 6, 68526 Ladenburg
Tel. 06203/9 51 60, Fax 06203/95 16 36

ESSEN & TRINKEN

- **Neckargemünd**
Griechische Weinstube »Stadt Athen«
Neckarstraße 38, 69151 Neckargemünd
Tel. 06223/22 85, Fax 06223/7 12 30

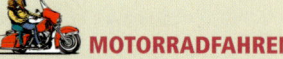

MOTORRADFAHREN

Diese Tour am Neckar ist fahrerisch interessant, weil sie auch über zügige Passagen verfügt. Obendrein bietet sie das Erlebnis wunderbarer Natur. Die Straßen sind weitgehend frei, von den Ballungsräumen einmal abgesehen.

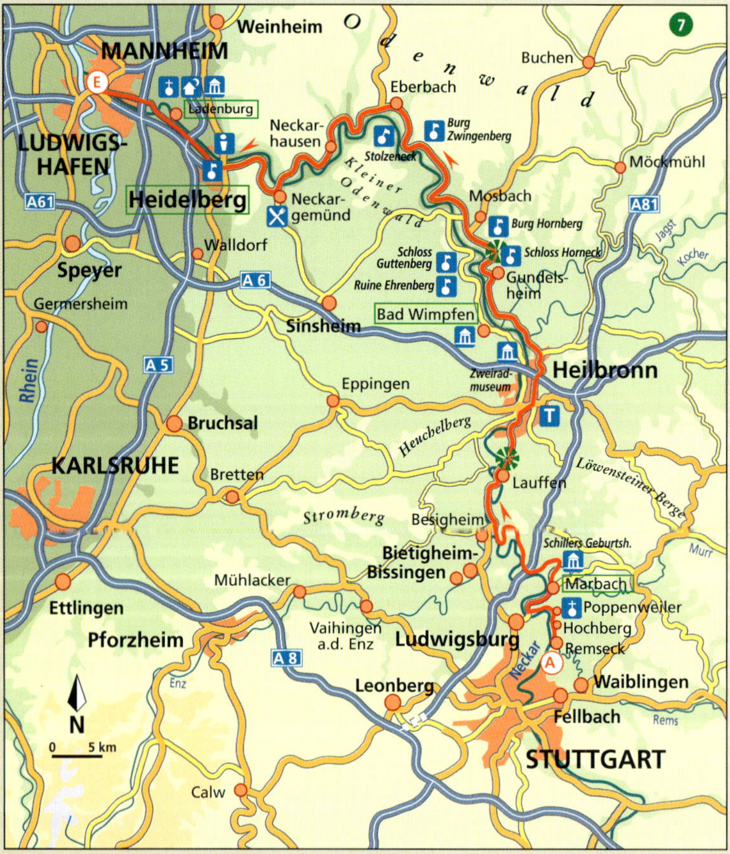

Roadbook 8

Routen in Baden-Württemberg

Gebiet: Neckarland – Schwaben
Region: Remstal
Routenverlauf: Bad Cannstatt – Fellbach – Weinstadt-Strümpfelbach – Winterbach – Schorndorf
Gesamtstrecke: 55 km

Nr.	Straße km	Position	Richtung	Information	
13	K 1916 / 8 km	Oppelsbohm	Schorndorf	langgestreckte Kurven	❀ ✳
12	K 1915 / 2 km	Berglen	Oppelsbohm	Waldstrecke	✳
11	L 1140 / 8 km	Winterbach	Berglen	Kurvige Strecke	✳
10	L 1150 / 6 km	Manolz-weiler	Winterbach	Serpentinen	❀ ✳
9	K 1865 / 6 km	Schnait	Manolz-weiler	Serpentinen	❀ ✳
8	K 1862 / 1 km	Beutelsbach	Schnait	Weinberge	T ✳
7	K 1864 / 7 km	Schanbach	Beutels-bach	bergab, scharfe Kurven	❀ ✳
6	K 1864 / 1 km	Strecke	Natur-freundehaus	bergauf, Kurven	X A
5	K 1212 / 5 km	Strümpfel-bach	Schanbach	viele Kurven	☘ ✳
4	K 1212 / 5 km	Abfahrt	Strümpfel-bach	kurvige Strecke	✳
3	B 14/B29 / 3 km	Fellbach	Schorndorf	wie Autobahn bis Abfahrt Strümpfelbach	T
2	– / 3 km	Tunnel	Fellbach	Stadt	🏛
1	– / 0 km	Daimler-Gedächtnis-stätte	Fellbach	Wohngebiet	🏛 ✳

Straßenschilder (rechte Spalte):
K 1916 8 km · K 1915 2 km · L 1140 8 km · L 1150 6 km · K 1865 6 km · K 1862 1 km · K 1864 7 km · K 1864 1 km · K 1212 5 km · K 1212 5 km · B 14/B29 3 km · – 3 km · – 0 km

ℹ INFORMATION

• **Schorndorf**
Fremdenverkehrsbüro Schorndorf
Marktplatz 1, 73614 Schorndorf
Tel. 07181/602-0, Fax 07181/602-190
Internet www.schorndorf.de

UNTERKUNFT

• **Stuttgart**
Campingplatz Cannstatter Wasen
Mercedesstraße 40, 70327 Stuttgart
Tel. 0711/55 66 96, Fax 0711/55 74 54

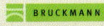
BRUCKMANN

ESSEN & TRINKEN

• **Schorndorf**
Becka-Kurze
Schwäbische Spezialitäten
Hetzelgasse 26
73614 Schorndorf
Tel. 07181/6 58 23
Fax 07181/25 46 66

MOTORRADFAHREN

Die Strecke führt durch Weinberge, Wälder und nette Orte. Kehren und Kurven verlangen nach Aufmerksamkeit und machen viel Spaß.

SEHENSWERT

• **Gottlieb-Daimler-Gedächtnisstätte**
Taubenheimstraße 13
70372 Stuttgart-Bad Cannstatt
Tel. 0711/56 93 99
Fax 0711/17 51 73

• **Classic Center**
Stuttgarter Straße 90
70736 Fellbach
Tel. 0711/17-8 34 53

• **Daimler Museum**
Höllgasse 7
73614 Schorndorf
Tel. 07181/7 663 2 oder 0711/17-2 63 80
Öffnungszeiten: September–Mai dienstags 14.00–16.30 Uhr, Juni–August auch donnerstags zur selben Zeit.

• **Daimler-Geburtshaus**
Höllgasse 7
73614 Schorndorf

Roadbook 9

Routen in Baden-Württemberg

Gebiet: Schwäbische Alb
Region: Hohenzollernalb, Obere Donau, Hegau
Routenverlauf: Burg Hohenzollern – Kloster Beuron – Freilichtmuseum Nehausen ob Eck – Hohentwiel
Gesamtstrecke: 119 km

Nr.	Straße km	Position	Richtung	Information	
14	L 18a / 14 km	Aach	Singen	langgestreckte Kurven	L 18a / 14 km
13	B 31 / 18 km	Stockach	Eigeltingen	langgestreckte Kurven	B 31 / 18 km
12	L 440 / 5 km	Neuhausen ob Eck	Freilicht- museum	Waldstrecke	L 440 / 5 km
11	L 277 / 6 km	Kreuzung	Bodensee	kurvige Strecke	L 277 / 6 km
10	L 277 / 5 km	Beuron	Fridingen	Serpentinen, Knopfmacherfelsen	L 277 / 5 km
9	L 277 / 17 km	Thiergarten	Beuron	entlang der Donau	L 277 / 17 km
8	L 197 / 6 km	Stetten am k. M	Thier- garten	bergab durch Wald	L 197 / 6 km
7	L 453 / 10 km	Straßberg	Stetten am k. M.	viele, teils scharfe Kurven	L 453 / 10 km
6	B 463 / 2 km	Winterlingen	Straßberg	kurvige Strecke	B 463 / 2 km
5	L 449 / 14 km	Kreuzung	Bitz	viele Kurven	L 449 / 14 km
4	L 442 / 6 km	Hausen	Albstadt	kurvige Strecke	L 442 / 6 km
3	K 7103 / 8 km	Onst- mettingen	Burla- dingen- Hausen	Ortsdurchfahrt	K 7103 / 8 km
2	L 360 / 5 km	Wessingen	Albstadt	Hohenzollerstraße	L 360 / 5 km
1	K 7111 / 3 km	Parkplatz	Wessingen	unterhalb der Burg	K 7111 / 3 km

INFORMATION

- **Singen**

Verkehrsamt Singen
Tel. 07731/8 50 62

Fax 07731/8 52 43
E-Mail info@festungsruine-hohentwiel.de

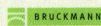

UNTERKUNFT

• **Engen**
Campingplatz Sonnental, Familie Lang
Doggenhardt 1, 78234 Engen/Hegau
Tel. 07733/75 29, Fax 07733/26 66
Internet www.camping-sonnental.de

ESSEN & TRINKEN

• **Neuhausen ob Eck**
Museumsgaststätte »Ochsen«
Am Freilichtmuseum
78579 Neuhausen ob Eck
Tel. 07467/12 41, Fax 07467/658

MOTORRADFAHREN

Die Strecke bietet Kurven, sanft bis zur
Serpentine. Sie leitet durch wunderschöne Landschaften der Schwäbischen Alb durch das Obere Donautal
und das Hegau.

SEHENSWERT

• **Burg Hohenzollern**
72379 Burg Hohenzollern
(Gemarkung Bisingen)
Tel. 07471/24 28
Fax 07471/68 12
Internet www.burg-hohenzollern.com
oder www.burg-hohenzollern.de oder
www.bisingen.de

• **Kloster Beuron**
Erzabtei St. Martin
88631 Beuron
Tel. 07466/17-0, Fax 07466/17-107
Internet www.erzabtei-beuron.de

• **Freilichtmuseum Neuhausen ob
Eck**
Postfach 4453
78509 Tuttlingen
Tel. 07461/92 61 42, Fax 07461/92 66 22
Internet
www.freilichtumseum-neuhausen.de

• **Ruine Hohentwiel**
Auf dem Hohentwiel 2a, 78224 Singen
Tel. 07731/6 91 78
Internet
www.festungsruine-hohentwiel.de

Roadbook 10

Routen in Baden-Württemberg

Gebiet: Nordschwarzwald
Region: Baden
Routenverlauf: Karlsruhe – Gernsbach – Forbach – B 500 – Freudenstadt
Gesamtstrecke: 113 km

Nr.	Straße / km	Position	Richtung	Information	
11	B 462 / 7 km	Baiersbronn	Freudenstadt	kurvige Strecke	✳	B 462 / 7 km
10	L 401 / 16 km	Strecke	Baiersbronn	sehr viele Kurven	✳	L 401 / 16 km
9	B 500 / 15 km	Strecke	Freudenstadt	Schwarzwald-Hochstraße	✳	B 500 / 15 km
8	L 83 / 13 km	Raumünzach	Hundsbach	Stausee oder Wald	✳	L 83 / 13 km
7	B 462 / 6 km	Forbach	Raumünzach	Schwarzwald-Tälerstraße	✳	B 462 / 6 km
6	L 79 / 14 km	Strecke	Forbach	sehr kurvige Strecke	✳	L 79 / 14 km
5	L 78 / 7 km	Gernsbach	Baden-Baden	viele Kurven	✳	L 78 / 7 km
4	L 564 / 13 km	Bad Herrenlab	Gernsbach	kurvige Strecke	✳	L 564 / 13 km
3	L 564 / 8 km	Marxzell	Bad Herrenalb	Fahrt durch Wald		L 564 / 8 km
2	B 3/L 564/ L 562 / 8 km	Strecke	Bad Herrenalb	Ausfallstraße	✳	B 3/L564/L562 / 8 km
1	L 605 / 6 km	Karlsruhe	Ettlingen	Innenstadt	✳	L 605 / 6 km

INFORMATION

• Karlsruhe
Verkehrsverein Karlsruhe
Bahnhofsplatz 6, 76137 Karlsruhe
Tel. 0721/35 53-0, Fax 0721/35 53-43 99
Internet www.karlsruhe.de

• Gernsbach
Information Stadt Gernsbach
Igelbachstraße 11, 76593 Gernsbach
Tel. 07224/644-0, Fax 07224/5 09 96
Internet www.gernsbach.de

• Freudenstadt
Tourist-Information
Freudenstadt
Marktplatz 64
72250 Freudenstadt
Tel. 07441/86 40
Fax 07441/8 51 76
Internet www.freudenstadt.de

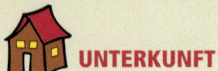

UNTERKUNFT

• **Freudenstadt**
Campingplatz Langenwald
Familie Eiermann
Straßburger Straße 167, 72250 Freudenstadt
Tel. 07441/28 62, Fax 07441/28 93
Internet www.camping-langenwald.de
Zimmervermittlung Freudenstadt
in der Tourist-Information.

ESSEN & TRINKEN

• **Baden-Baden**
Gaststätte »Scherrhof«, Stadtwald
76534 Baden-Baden, Tel. 07221/74 17

• **Höhenrestaurant »Hohe Lache«**

MOTORRADFAHREN

Die Strecke ist ein Paradies für
Kurvenjäger und Naturfreunde
gleichermaßen. Hier kommt jeder Biker
auf seine Kosten. Wegen der vielen
Kurven ist aber ein gewisses Maß an
fahrerischem Können Voraussetzung.

SEHENSWERT

• **Badisches Landesmusem Karlsruhe
(Schloss)**
76133 Karlsruhe
Tel. 0721/926-65 14
Fax 0721/926-65 37
E-Mail info@landesmuseum.de

• **Marxzeller Fahrzeugmuseum**
Familie Reichert
Tel. 07248/62 62
Am Wochenende bis 16 Uhr geöffnet.

Roadbook 11

Routen in Baden-Württemberg

Gebiet: Südschwarzwald
Region: Baden
Routenverlauf: Alpirsbach – Schramberg – Sankt Georgen – Triberg – Sankt Märgen – Freiburg
Gesamtstrecke: 137 km

Nr.	Straße / km	Position	Richtung	Information	
14	B 294/B3 18 km	Strecke	Freiburg	autobahnähnliche Strecke	B 294/B3 18 km
13	L 186 19 km	Strecke	Kandel	sehr kurvige Strecke	L 186 19 km
12	L 127 8 km	St. Märgen	St. Peter	kurvige Strecke	L 127 8 km
11	L 128 4 km	Strecke	Freiburg	kurvige Strecke	L 128 4 km
10	K 4987 3 km	Hexenloch	St. Märgen	sehr viele Kurven	K 4987 3 km
9	K 5752 8 km	Strecke	Hexenloch	schmale Straße zur Hexenlochmühle	K 5752 8 km
8	B 500 22 km	Reinertonishof	Titisee-Neustadt	Schwarzwald-Panoramastraße	B 500 22 km
7	B 500 3 km	Schönwald	Reinertonishof	Schwarzwald-Hof, Imbiss	B 500 3 km
6	B 500 5 km	Triberg	Schönwald	Ortsdurchfahrt	B 500 5 km
5	B 33 8 km	St. Georgen	Triberg	Wasserscheide, dann viele Kurven	B 33 8 km
4	L 175 20 km	Schramberg	St. Georgen	Deutsche Uhrenstraße, enges Kerbtal	L 175 20 km
3	B 462 1 km	Schramberg	St.Georgen	Ortsdurchfahrt	B 462 1 km
2	B 462 8 km	Schiltach	Schramberg	kurvige Landstraße	B 462 8 km
1	B 294 10 km	Alpirsbach	Freiburg	Schwarzwald-Tälerstraße	B 294 10 km

INFORMATION

- **Alpirsbach**

Tourist Information
Haus des Gastes, Hauptstraße 20
72275 Alpirsbach

Tel. 07444/95 16-281
Fax 07444/95 16-283
Internet www.alpirsbach.de

BRUCKMANN

UNTERKUNFT

• **Freiburg**
Ferien-Freizeit Camping Möslepark
Hannelore Busse, Waldseestraße 77
79117 Freiburg im Breisgau
Tel. 0761/7 29 38, Fax 0761/7 75 78
Internet www.freiburg-freizeit.de
Zimmervermittlung Freiburg in der
Tourist-Information.

ESSEN & TRINKEN

Reinertonishof, Hexenlochmühle (siehe
Sehenswert)

MOTORRADFAHREN

Die Strecke ist eine Freude für Kurvenjäger und
Genießer. Wegen der vielen Kurven ist aber ein
gewisses Maß an fahrerischem Können
Voraussetzung.

SEHENSWERT

• **Alpirsbacher Klosterbräu**
Marktplatz 1, 72275 Alpirsbach
Tel. 07444/67-0, Fax 07444/15 10
E-Mail info@alpirsbacher.de

• **Schwarzwald-Museum**
Wallfahrtstraße 4, 78098 Triberg
Tel. 07722/44 34, Fax 07722/92 01 10

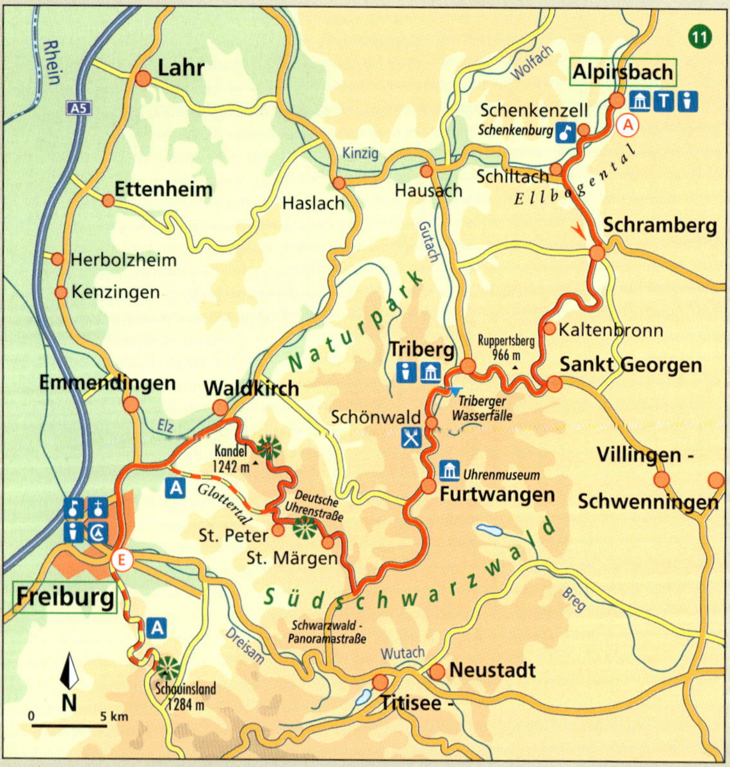

Roadbook 12

Routen in Baden-Württemberg

Gebiet: Bodensee
Region: Überlinger See, Bodanrück
Routenverlauf: Bodman – Liggeringen – Dettingen – Dingelsdorf – Mainau – Konstanz
Gesamtstrecke: 29 km

Nr.	Straße km	Position	Richtung	Information	
5	- / 5 km	Mainau	Konstanz	Besuch der Stadt an der Promenade am Hafen, Sealife	- / 5 km
4	- / 0 km	Mainau	Mainau	Abstecher zur wundervollen Blumeninsel	- / 0 km
3	- / 11 km	Dettingen	Mainau	Richtung See, Blicke aufs Wasser	- / 11 km
2	- / 10 km	Liggeringen	Dettingen	Höhenzug, sanfte Kurven	- / 10 km
1	- / 3 km	Bodman	Liggeringen	Serpentinen durch Wald, dann swingende Kurven	- / 3 km

 INFORMATION

• **Konstanz**
Tourist-Information Konstanz
Bahnhofplatz 13
78462 Konstanz
Tel. 07531/13 30-30
Fax 07531/13 30-60
Internet www.konstanz.de oder
www.bodensee.de

 UNTERKUNFT

• **Konstanz**
Campingplatz Klausenhorn
Inge und Albert Fluck
78465 Konstanz-Dingelsdorf
Tel. 07533/63 72
Fax 07533/75 41
E-Mail camping@ti.konstanz.de.
Hotelvermittlung: Tel. 07531/1 94 12

 MOTORRADFAHREN

Die beschriebene Region eignet sich besonders im Herbst für eine gemächliche Abschluss-tour. Dann ist sie nicht so überlaufen wie im Sommer.

SEHENSWERT

• **Erlebnis-Aquarium Sealife**
Konstanz, direkt am Hafen
Tel. 07531/12 82 70
Fax 07531/1 28 27 27
Internet www.sealife.de

• **Blumeninsel Mainau**
Tel. 07531/303-0
Fax 07531/303-248
Internet www.mainau.de

BRUCKMANN

Stockach

A98

Heiligenberg

Ludwigshafen

Owingen

A

Bodman

Liggeringen

Langenrain

Überlingen

Radolfzell

Bodanrück

Überlinger See

Dettingen

Uhldingen -
Mühlhofen

Allensbach

Untersee

Mainau

Meersburg

A

Reichenau

i E

Konstanz

N

B o d e n s e e

0   5 km